Die Rechtsprechung des EuGH zu den direkten Steuern

Wiener Vorlesungen: Forschungen

Herausgegeben für die Kulturabteilung der Stadt Wien
von Hubert Christian Ehalt

Band 2

Die Wiener Vorlesungen sind seit 1987 das Dialogforum der Stadt Wien
zur geistigen Situation der Zeit. Eine zentrale Dimension der Wiener Vorlesungen besteht in der Erkundung der Realitäten und Diskurse am jeweils
aktuellen Stand wissenschaftlicher Fragestellungen und Methoden. Die
Zielsetzung dieses intellektuellen Projektes der Stadt Wien besteht in der
Ermöglichung einer breiten Schnittstelle zwischen wissenschaftlicher und
urbaner Öffentlichkeit. Die Buchreihe Wiener Vorlesungen: Forschungen
stellt wissenschaftliche Arbeiten, die durch die Wiener Vorlesungen eröffnet
und angeregt wurden, einer größeren Öffentlichkeit vor.

Die Harmonisierung der direkten Steuern ist äußerst mühsam. Auf Grund
des Einstimmigkeitsprinzips gibt es kaum Fortschritte. Eigentlicher Motor
der Harmonisierung war in den letzten Jahren der Europäische Gerichtshof
(EuGH). Der EuGH hat Maßnahmen der Mitgliedstaaten, mit denen sie ihre
nationalen Steuerrechtsordnungen vor dem europäischen Steuerwettbewerb
abschotten wollten, regelmäßig für gemeinschaftsrechtswidrig erklärt. Dadurch hat er den Druck auf die Mitgliedstaaten, von sich aus Maßnahmen der
Harmonisierung zu setzen, erhöht. In letzter Zeit ist der Eindruck entstanden,
der EuGH hätte seine Rechtsprechung geändert und den Gestaltungsspiel-
raum der Mitgliedstaaten erhöht. Derartige Entwicklungen werden mit den
Vorschlägen einzelner europäischer Politiker in Zusammenhang gebracht,
die Kompetenz des EuGH auf dem Gebiet des Steuerrechts zu überdenken.
Die Untersuchung widmet sich der Frage, wie weit der EuGH seine Rechtsprechung auf dem Gebiet des Steuerrechts tatsächlich geändert hat.

Michael Lang wurde 1965 geboren. Nach seiner 1992 erfolgten Habilitation
wurde er 1994 zum Professor für Finanzrecht mit Schwerpunkt internationales Steuerrecht an der Wirtschaftsuniversität Wien ernannt. Seit 1998 ist er
dort Vorstand des Instituts für Österreichisches und Internationales Steuerrecht. Er ist auch wissenschaftlicher Leiter des LL.M.-Studiums International
Tax Law und Sprecher des Spezialforschungsbereichs (SFB) „International
Tax Coordination". Weiters ist er Mitglied des Permanent Scientific Committee (PSC) der International Fiscal Association (IFA) und Vorsitzender des
Academic Committee (AC) der European Association of Tax Law Professors
(EATLP).

PETER LANG

Frankfurt am Main · Berlin · Bern · Bruxelles · New York · Oxford · Wien

Michael Lang

Die Rechtsprechung des EuGH zu den direkten Steuern

Welcher Spielraum bleibt
den Mitgliedstaaten?

PETER LANG
Europäischer Verlag der Wissenschaften

Bibliografische Information der Deutschen Nationalbibliothek
Die Deutsche Nationalbibliothek verzeichnet diese Publikation
in der Deutschen Nationalbibliografie; detaillierte bibliografische Daten sind im Internet über <http://www.d-nb.de>
abrufbar.

Umschlaggestaltung von Hubert Christian Ehalt.

ISSN 1437-9015
ISBN 3-631-55681-0

© Peter Lang GmbH
Europäischer Verlag der Wissenschaften
Frankfurt am Main 2007
Alle Rechte vorbehalten.

www.peterlang.de

Inhaltsverzeichnis

Inhaltsverzeichnis

Vorwort

Die Wiener Vorlesungen laden seit Anfang 1987 wichtige Persönlichkeiten des intellektuellen Lebens dazu ein, in den Festsälen des Rathauses ihre Analysen und Befunde zu den großen aktuellen Problemen der Welt vorzulegen. Auftakt war der Vortrag des renommierten deutschen Soziologen Prof. Dr. René König über das Verhältnis von Stadt und Universität. Die Analyse dieser Beziehung und das Anliegen, die Schnittstelle zwischen wissenschaftlicher und urbaner Öffentlichkeit breit und lebendig zu gestalten, zieht sich als roter Faden durch die Wissenschaftsförderungsarbeit der Stadt Wien.

Das Konzept der Wiener Vorlesungen ist klar und prägnant: Prominente DenkerInnen stellen ihre Analysen und Einschätzungen zur Entstehung und zur Bewältigung der brisanten Probleme der Gegenwart zur Diskussion. Die Wiener Vorlesungen skizzieren nun seit Anfang 1987 vor einem immer noch wachsenden Publikum in dichter Folge ein facettenreiches Bild der gesellschaftlichen und geistigen Situation der Zeit. Das Faszinierende an diesem Projekt ist, dass es immer wieder gelingt, für Vorlesungen, die anspruchsvolle Analysen liefern, ein sehr großes Publikum zu gewinnen, das nicht nur zuhört, sondern auch mitdiskutiert. Das Wiener Rathaus, Ort der kommunalpolitischen Willensbildung und der Stadtverwaltung, verwandelt bei den Wiener Vorlesungen seine Identität von einem Haus der Politik und Verwaltung zu einer Stadtuniversität. Das Publikum kommt aus allen Segmenten der Stadtbevölkerung; fast durchwegs kommen sehr viele Zuhörer aus dem Bereich der Universitäten und Hochschulen; das Wichtige an diesem Projekt ist jedoch, dass auch sehr viele Wienerinnen und Wiener zu den Vorträgen kommen, die sonst an wissenschaftlichen Veranstaltungen nicht teilnehmen. Sie kommen, weil sie sich mit dem Rathaus als dem Ort ihrer Angelegenheiten identifizieren, und sie verstärken durch ihre Anwesenheit den demokratischen Charakter des Hauses.

Es ist immer wieder gelungen, ReferentInnen im Nobelpreisrang zu gewinnen, die ihre Wissenschaft und ihr Metier durch die Fähigkeit bereichert haben, Klischees zu zerschlagen und weit über die Grenzen ihres Faches hinauszusehen. Das Besondere an den Wiener Vorlesungen liegt vor allem aber auch in dem dichten Netz freundschaftlicher Bande, das die Stadt zu einem wachsenden Kreis von bedeutenden Persönlichkeiten aus Wissenschaft und Forschung in aller Welt knüpft. Die Vortragenden kamen und kommen aus allen Kontinenten, Ländern und Regionen der Welt, und die Stadt Wien schafft mit der Einladung prominenter WissenschafterInnen eine kontinuierliche Einbindung der Stadt Wien in die weltweite „scientific community". Für die Planung und Koordination der Wiener Vorlesungen war es stets ein besonderes Anliegen, diese freundschaftlichen Kontakte zu knüpfen, zu entwickeln und zu pflegen.

Anliegen der Wiener Vorlesungen ist eine Schärfung des Blicks für die Komplexität, Differenziertheit und - häufig auch - Widersprüchlichkeit dessen, was als gesellschaftliche, kulturelle und politische Wirklichkeit erlebt wird. Der analytisch-interpretative Zugang der Wiener Vorlesungen dämpft die Emotionen und legt Fundamente für eine Bewältigung der Probleme mit zivilen und demokratischen Mitteln. Das Publikum trägt durch seine Teilnahme an den Wiener Vorlesungen zur "Verbreitung jenes Virus" bei, das für ein gutes politisches Klima verantwortlich ist.

Fernand Braudel hat mit dem Blick auf die unterschiedlichen Zeitdimensionen von Geschichte drei durch Dauer und Dynamik voneinander verschiedene Ebenen beschrieben: 'L'histoire naturelle', das ist jener Bereich der Ereignisse, der den Rhythmen und Veränderungen der Natur folgt und sehr lange dauernde und in der Regel flache Entwicklungskurven aufweist. 'L'histoire sociale', das ist der Bereich der sozialen Strukturen und Entwicklungen, der Mentalitäten, Symbole und Gesten. Die Entwicklungen in diesem Bereich dauern im Vergleich zu einem Menschenleben viel länger; sie haben im Hinblick auf unseren Zeitbegriff eine 'longue durée'. Und schließlich sieht er in der 'l'histoire evenementielle' den Bereich der sich rasch wandelnden Ereignisoberfläche des politischen Lebens.

Die Wiener Vorlesungen analysieren mit dem Wissen um diese unterschiedlichen zeitlichen Bedingungshorizonte der Gegenwart die wichtigen Probleme, die wir heute für morgen bewältigen müssen. Wir sind uns bewusst, dass die Wirklichkeit der Menschen aus materiellen und diskursiven Elementen besteht, die durch Wechselwirkungsverhältnisse miteinander verbunden sind. Die Wiener Vorlesungen thematisieren die gegenwärtigen Verhältnisse als Fakten und als Diskurse. Sie analysieren, bewerten und bilanzieren, befähigen zur Stellungnahme und geben Impulse für weiterführende Diskussionen.

Bei den Wiener Vorlesungen waren seit 1987 über 2000 Vortragende aus allen Kontinenten zu Gast. Unter den Referenten befanden sich u. a. Marie Albu-Jahoda, Aleida Assmann, Jan Assmann, Jean Baudrillard, Ulrich Beck, Hans Belting, Bruno Bettelheim, Leon Botstein, Christina von Braun, Elisabeth Bronfen, Ernesto Cardenal, Luc Ciompi, Carl Djerassi, Marion Dönhoff, Barbara Duden, Irenäus Eibl-Eibesfeldt, Manfred Eigen, Mario Erdheim, Amitai Etzioni, Vilem Flusser, Heinz von Foerster, Viktor Frankl, Peter Gay, Ute Gerhard, Maurice Godelier, Ernst Gombrich, Michail Gorbatschow, Marianne Gronemeyer, Karin Hausen, Jeanne Hersch, Eric J. Hobsbawm, Werner Hofmann, Ivan Illich, Verena Kast, Otto F. Kernberg, Rudolf Kirchschläger, Václav Klaus, Ruth Klüger, Teddy Kollek, Kardinal Franz König, György Konrad, Bischof Erwin Kräutler, Bruno Kreisky, Peter Kubelka, Hermann Lübbe, Niklas Luhmann, Viktor Matejka, Dennis L. Meadows, Adam Michnik, Hans Mommsen, Josef

Penninger, Roger Penrose, Max F. Perutz, Hugo Portisch, Uta Ranke-Heinemann, Eva Reich, Marcel Reich-Ranicki, Horst-Eberhard Richter, Jeremy Rifkin, Erwin Ringel, Carl Schorske, Richard Sennett, Edward Shorter, Dorothee Sölle, Aminata Traoré, Marcel Tshiamalenga Ntumba, Paul Watzlawick, Georg Weidenfeld, Erika Weinzierl, Ruth Wodak, Anton Zeilinger, Hans Zeisel.

Die Buchreihe „Wiener Vorlesungen. Forschungen" bietet die Möglichkeit, wissenschaftliche Arbeiten, die durch Wiener Vorlesungen eröffnet und angeregt wurden, einer größeren Öffentlichkeit vorzustellen.

Der Steuerrechtsexperte Michael Lang hat am 30. November 2005 bei den Wiener Vorlesungen einen Vortrag über die Zukunft der Ertragsbesteuerung in Europa gehalten. Dabei ging Lang wesentlich der Frage nach, welcher Spielraum den Mitgliedsstaaten der EU bei dieser wichtigen politischen Agenda noch bleibt. „Der EuGH war bisher der Motor der Steuerharmonisierung. Lässt er sich nun", so frägt der Autor der vorliegenden Publikation, „durch die Politik einschüchtern? Der Motor könnte" – so Lang – „ins Stottern geraten."

Für die BürgerInnen sind Steuern BürgerInnenpflicht, mit dem Blick auf das eigene Portemonnaie notwendiges Übel. Für Wirtschaftspolitik ist Steuerpolitik ein zentrales Instrument und daher auch ein wichtiger Gegenstand der Wirtschafts- und Gesellschaftswissenschaften. Die Wiener Vorlesungen wünschen den LeserInnen an dem analytischen und explikatorischen Aspekt des luciden Textes von Michael Lang jenes Vergnügen, das man hat, wenn man eine klare Erklärung für einen komplizierten Sachverhalt erhält.

Hubert Christian Ehalt

Vorwort des Autors

Das vorliegende Manuskript beruht auf einer am 30.11.2005 abgehaltenen "Wiener Vorlesung". Die damals geäußerten Überlegungen habe ich vertieft und mit Anmerkungen versehen.

Meinen Mitarbeiterinnen Mag. Sabine Dommes und Mag. Daniela Hohenwarter LLM danke ich herzlichst für die Unterstützung bei der Sichtung von Rechtsprechung und Schrifttum und für die kritische Diskussion meiner Überlegungen.

Besonders dankbar bin ich Herrn Obersenatsrat Univ.-Prof. Dr. Hubert Christian Ehalt. Er hat die Wiener Vorlesungen begründet und damit den Rahmen geschaffen, in dem sich Wissenschafter/innen verschiedenster Disziplinen der Diskussion stellen können. Die Drucklegung dieser und vieler anderer Arbeiten hat er ermöglicht.

Das Manuskript habe ich am 23.2.2006 abgeschlossen.

Michael Lang

I. Der EuGH als „Motor der Harmonisierung"

Die Harmonisierung der direkten Steuern innerhalb der EU gehört nicht zu den erklärten Zielsetzungen des EG-Vertrages. Während Art 93 EG „die Harmonisierung der Rechtsvorschriften über die Umsatzsteuern, die Verbrauchsabgaben und sonstige indirekte Steuern" in die Zuständigkeit des Rates überträgt, fehlt eine entsprechende ausdrückliche Regelung auf dem Gebiet der direkten Steuern. „Richtlinien für die Angleichung der Rechts- und Verwaltungsvorschriften der Mitgliedsstaaten" können nach Art 94 EG dann vom Rat erlassen werden, wenn sie „sich unmittelbar auf die Errichtung oder das Funktionieren des Gemeinsamen Marktes auswirken." Art 94 EG nennt keine spezifischen Materien und gilt unter den genannten Voraussetzungen daher auch für die direkten Steuern. Die auf Grundlage des Art 94 EG erlassenen Richtlinien bedürfen allerdings der Einstimmigkeit. Die in Art 95 EG angesprochene Möglichkeit der Beschlussfassung mit qualifizierter Mehrheit gilt ausdrücklich nicht „für die Bestimmungen über Steuern". Allenfalls könnten „Unterschiede in den Rechts- und Verwaltungsvorschriften der Mitgliedstaaten", die „die Wettbewerbsbedingungen verfälschen und dadurch eine Verzerrung hervorrufen, die zu beseitigen ist", in letzter Konsequenz nach Art 96 EG auch zu einer Beschlussfassung mit qualifizierter Mehrheit berechtigen.[1] Diese Vorschrift hat in der Praxis aber bisher auf dem Gebiet des Steuerrechts noch keine Bedeutung erlangt. Steuerharmonisierung bedarf daher jedenfalls in der Realverfassung der Einstimmigkeit. Vor

---

[1] Zur Bedeutung des Art 96 RG auf dem Gebiet des Steuerrechts siehe *Langheine/Tietje* in Grabitz/Hilf, Das Recht der Europäischen Union – Kommentar, Loseblatt Juni 2005, Art 96 Rn 3; *Pipkorn/Bardenhewer-Rating,* in von der Groeben/Schwarze, Vertrag über die Europäische Union und Vertrag zur Gründung der Europäischen Gemeinschaft – Kommentar, 6. Auflage 2003, Art 96 Rn 22; *Kahl* in Calliers/Ruffert, Kommentar zu EU-Vertrag und EG-Vertrag, 2. Auflage 2002, Art 96 Rn 4.

diesem Hintergrund ist verständlich, dass es auf dem Gebiet der direkten Steuern nur wenige sekundärrechtliche Regelungen gibt[2].

Bei den indirekten Steuern bedürfen Harmonisierungsmaßnahmen zwar ebenfalls der Einstimmigkeit. Dennoch konnte auf diesem Gebiet eine weitgehende Vereinheitlichung der Regelungen der Mitgliedstaaten herbei geführt werden. Die auf dem Gebiet der Umsatzsteuern erlassenen Richtlinien lassen den Mitgliedstaaten nur wenig Umsetzungsspielraum. Dies verblüfft, wenn man daran denkt, welch mühsames Geschäft die Harmonisierung bei den direkten Steuern ist. Allerdings darf nicht vergessen werden, dass die Harmonisierung der indirekten Steuern zu einem Zeitpunkt ihren Anfang nahm, als die EWG bloß sechs Mitgliedstaaten hatte[3]. Zwischen sechs Staaten war es leichter, Übereinstimmung herbei zu führen, als dies heute zwischen 25 Staaten möglich ist. Die Erfahrung auf dem Gebiet der indirekten Steuern lehrt, dass Einigung über die Weiterentwicklung von einmal harmonisierten Vorschriften dann leichter erzielbar ist: Die Richtlinien auf dem Gebiet der Umsatzsteuer konnten auch zu Zeitpunkten wieder geändert werden, als die Zahl der Mitgliedstaaten größer als sechs war. Dies ist auch in den wenigen Bereichen auf dem Gebiet der direkten Steuern, die sekundärrechtlich geregelt sind, der Fall[4]. Die meisten Fragen auf dem Gebiet der direkten Steuern sind aber noch gar nicht sekundärrechtlich geregelt.

---

[2] Vgl Mutter-Tochter-Richtlinie 90/435/EWG vom 23.7.1990 idF der Richtlinie 2003/123/EG des Rates vom 22.12.2003; Fusionsrichtlinie 90/434/EWG vom 23.7.1990 idF der Richtlinie 2005/19/EG des Rates vom 17.2.2005; Zins/-Lizenzgebühren-Richtlinie 2003/49/EG vom 3.6.2003 idF vom 26.4.2004; Zinsrichtlinie 2003/48/EG vom 3.6.2003 idF der Richtlinie 2004/66/EG des Rates vom 26.4.2004; Amtshilferichtlinie 77/799/EWG vom 19.12.1977 idF der Richtlinie 2004/106/EG des Rates vom 16.11.2004.
[3] Erste Richtlinie 67/227/EWG des Rates vom 11.4.1967 zur Harmonisierung der Rechtsvorschriften der Mitgliedstaaten über die Umsatzsteuer, Amtsblatt Nr. 071 vom 14/04/1967 S. 1301 – 1303.
[4] Vgl Mutter-/Tochter-Richtlinie 90/435/EWG des Rates vom 23.7.1990, geändert durch Beitrittsakte (ABl. C 241 vom 29.8.1994, 196), Beitrittsakte (ABl. L 236 vom 23.9.2003, 555) und Richtlinie 2003/123/EG des Rates vom 22.12.2003 (ABl. L 7) vom 13.1.2004, 41.

Der Rat ist somit auf Grund des Einstimmigkeitserfordernisses auf dem Gebiet des Steuerrechts weitgehend gelähmt. Der Kommission und dem Parlament fehlen die Befugnisse, alleine tätig zu werden[5]. Somit hat ausschließlich der EuGH die Möglichkeit, die Harmonisierung zu erzwingen: Der EuGH betont in ständiger Rechtsprechung, dass die Regelung der direkten Steuern in die Zuständigkeit der Mitgliedsstaaten fällt, dass sie aber dabei an die gemeinschaftsrechtlichen Anforderungen gebunden sind[6]. Der EuGH scheut sich nicht, diese Anforderungen deutlich heraus zu arbeiten. Ihm fehlt zwar die Möglichkeit, selbst sekundärrechtliche Regelungen zu erlassen. Er hat es aber in der Hand, den Spielraum der Mitgliedstaaten erheblich einzuschränken. Den Mitgliedstaaten kann auf diese Weise die Ausübung ihrer Zuständigkeiten erschwert werden.

Der EuGH hat auf dem Gebiet des Gemeinschaftsrechts das Auslegungsmonopol. Die Urteile des EuGH nehmen in Anspruch, nicht bloß für die Zukunft Bedeutung zu haben, sondern den Inhalt der auszulegenden Gemeinschaftsrechtsregelung festzustellen, den sie von Beginn an hatte. De facto wirken daher die meisten EuGH-Urteile rückwirkend[7]. Die Rechtsprechung des EuGH unterscheidet sich dadurch von der Judikatur zahlreicher nationaler Höchstgerichte wie jener des VfGH, deren Entscheidungen im Regelfall bloß auf die Zukunft gerichtet sind[8]. Dies erhöht die Sensibilität der Mitgliedstaaten, die nicht bloß den künftigen Entfall von Steueraufkommen, sondern oft erhebliche Rückzahlungsverpflichtungen für längst vergangene Zeiträume fürchten müssen. Gerade

---

[5] Vgl aber die Zuständigkeit der Kommission auf dem Gebiet des Beihilfenrechts: Dazu *Sutter,* Das EG Beihilfenverbot und sein Durchführungsverbot in Steuersachen (2005).

[6] Siehe zB EuGH v 14.2.1995, C-279/93, *Schumacker* Rn 21; EuGH v 11.8.1995, C-80/94, *Wielockx* Rn 16; EuGH v 16.7.1998, C-264/96, *ICI* Rn 19; EuGH v 29.4.1999, C-311/97, *Royal Bank of Scotland* Rn 19; EuGH v 12.12.2002, C-385/00, *De Groot* Rn 75; EuGH 7.9.2004, C-319/02, *Manninen* Rn 19; EuGH v 12.7.2005, C-403/03, *Schempp* Rn 19.

[7] Vgl aber zur Einschränkung dieser Rückwirkung *Kokott/Henze,* Die Beschränkung der zeitlichen Wirkung von EuGH-Urteilen in Steuersachen, NJW 2006, 177 (177 ff).

[8] Zur Anlassfallrechtsprechung des VfGH vgl *Ruppe,* Der Anlassfall, in Holoubek/Lang (Hrsg), Das verfassungsgerichtliche Verfahren in Steuersachen (1998), 175 (175 ff).

in letzter Zeit hat dies die Generalanwälte schon wiederholt bewegt, über Einschränkungen dieser Rückwirkungen nachzudenken[9]. Eine vom EuGH festgestellte Gemeinschaftsrechtswidrigkeit kann daher gravierende budgetäre Konsequenzen haben. Politiker der Mitgliedstaaten fürchten daher eine vom EuGH festgestellte Gemeinschaftsrechtswidrigkeit häufig mehr als eine durch ihr nationales Verfassungsgericht konstatierte „bloße" Verfassungswidrigkeit. Dementsprechend sind Politiker oft bemüht, nationale Regelungen so zu gestalten, dass sie sich jedenfalls gemeinschaftsrechtskonform erweisen. Dieses hohe Maß an Sorgfalt wird oft in Hinblick auf die Verfassungskonformität von nationalen Regelungen vermisst.

Auf dem Gebiet der direkten Steuern haben die Grundfreiheiten und das Beihilfenverbot die Rechtsprechung des EuGH bisher besonders häufig beschäftigt. Der Umstand, dass das Beihilfenverbot auch im Steuerrecht Bedeutung hat, ist mittlerweile geklärt[10]. Der EuGH ist gerade dabei, diese gemeinschaftsrechtliche Regelung auf dem Gebiet des Steuerrechts zu entfalten. Es braucht keine besondere prophetische Gabe, um vorherzusehen, dass die Frage der Übereinstimmung steuerrechtlicher Regelungen mit dem Beihilfenverbot den EuGH in Zukunft noch öfter beschäftigen wird. Bis heute haben allerdings die Grundfreiheiten nach wie vor größere Bedeutung für die gemeinschaftsrechtlichen Anforderungen, denen der nationale Gesetzgeber unterliegt. Daher sollen diese Regelungen gemeinsam mit dem Freizügigkeitsgebot des Art 18 EG und dem Diskriminierungsverbot des Art 12 EG im Vordergrund der folgenden Überlegungen stehen.

---

[9] Siehe zB Schlussantrag GA *Tizzano* v 10.11.2005, C-292/04, *Meilicke* Rn 31 ff; Schlussantrag GA *Jacobs* v 17.3.2005, C-475/03, *Banca Popolare di Cremona* Rn 85 ff; vgl dazu auch *Kokott/Henze*, NJW 2006, 177 ff.
[10] Siehe zB EuGH v 12.7.1973, C-70/72, *Kommission/Deutschland*; EuGH v 2.7.1974, C-173/73, *Italien/Kommission;* EuGH v 15.3.1994, C-387/92, *Banco de Crédito Industrial;* EuGH v 16.5.2000, C 83/98 P, *Ladbroke Racing Ltd;* EuGH v 19.9.2000, C-156/98, *Deutschland/Kommission.*

Eingriffe in die Kompetenz der Mitgliedstaaten zur Erhebung von Steuern werden besonders aufmerksam beobachtet. Die Sensibilität der politischen Kräfte in den Mitgliedstaaten ist verständlicherweise groß. Mit der Besteuerungszuständigkeit sind weitreichende politische Gestaltungsmöglichkeiten verbunden. Dem EuGH ist wiederholt vorgeworfen worden, mit seiner steuerrechtlichen Rechtsprechung zu weit zu gehen: Der EuGH müsse auf die weiter existente nationale Souveränität und die jeweilige Gerechtigkeitsordnung Rücksicht nehmen. Der EuGH mache es dem nationalen Gesetzgeber schwer, seine eigenen Vorstellungen von einem gerechten Steuer- und Sozialsystem durchzusetzen[11]. Ob diese und ähnliche Vorwürfe berechtigt sind, ist Gegenstand dieser Untersuchung. Dazu soll das vom EuGH zugrunde gelegte Prüfungsschema analysiert werden, um darzulegen, in welcher Phase der grundfreiheitlichen Prüfung welche Wertentscheidungen einfließen.

---

[11] *P. Fischer*, Europa macht mobil – bleibt der Verfassungsstaat auf der Strecke?, FR 2005, 457 (465).

II. Die Grundfreiheiten, die Freizügigkeit und die Diskriminierungsverbote

1. Die Grundfreiheiten

Die auf dem Gebiet der direkten Steuern maßgebenden Grundfreiheiten sind die Arbeitnehmerfreizügigkeit, die Niederlassungsfreiheit, die Dienstleistungsfreiheit und die Kapitalverkehrsfreiheit. All diese Grundfreiheiten weisen einen unterschiedlichen Wortlaut auf. Diese Unterschiede haben den EuGH aber nicht davon abgehalten, den Grundfreiheiten ein einheitliches Verständnis beizumessen[12]. Er differenziert daher nicht danach, ob der Wortlaut des EG-Vertrags von Diskriminierungen oder Beschränkungen spricht und welche Rechtfertigungsgründe jeweils ausdrücklich genannt sind. Vielmehr betrachtet er alle wirtschaftlich relevanten Vorgänge, die einen hinreichenden grenzüberschreitenden Bezug aufweisen, als von den Grundfreiheiten erfasst.

Die Regelungen über die Kapitalverkehrsfreiheit erwecken den Eindruck, gerade auf dem Gebiet des Steuerrechts Differenzierungen zuzulassen: Nach Art 58 Abs 1 lit a EG berührt Art 56 EG „nicht das Recht der Mitgliedstaaten […] die einschlägigen Vorschriften ihres Steuerrechts anzuwenden, die Steuerpflichtige mit unterschiedlichem Wohnort oder Kapitalanlageort unterschiedlich behandeln." Art 58 Abs 3 EG legt fest, dass die „in den Absätzen 1 und 2 genannten

---

[12] *Behrens,* Die Konvergenz der wirtschaftlichen Freiheiten im europäischen Gemeinschaftsrecht, EuR 1992, 145 (150 ff); *Classen,* Auf dem Weg zu einer einheitlichen Dogmatik der EG-Grundfreiheiten?, EWS 1995, 97 (104 f); *M. Eberhartinger,* Konvergenz und Neustrukturierung der Grundfreiheiten, EWS 1997, 43 (48 ff); *Everling,* Das Niederlassungsrecht in der EG als Beschränkungsverbot, in Schön (Hrsg) Gedächtnisschrift Knobbe-Keuk (1997), 607 (617 f); *Konezny/Züger,* Ist die internationale Schachtelbeteiligung „europatauglich"?, SWI 2002, 218 (219).

Maßnahmen [...] weder ein Mittel zur willkürlichen Diskriminierung noch eine verschleierte Beschränkung des freien Kapital- und Zahlungsverkehrs im Sinne des Art 56 darstellen" dürfen. In *Verkooijen* hat der EuGH – anhand der gleich lautend formulierten Vorgängervorschrift – folgendermaßen begründet, dass der Steuervorbehalt keine Änderung bewirkt hat[13]: „Die den Mitgliedstaaten durch Artikel 73d Absatz 1 Buchstabe a EG-Vertrag eingeräumte Möglichkeit, die einschlägigen Vorschriften ihres Steuerrechts anzuwenden, die Steuerpflichtige mit unterschiedlichem Wohnort oder Kapitalanlageort unterschiedlich behandeln, war vom Gerichtshof bereits zugelassen worden. Schon vor Inkrafttreten des Artikels 73d Absatz 1 Buchstabe a EG-Vertrag konnten nämlich nach der Rechtsprechung des Gerichtshofes nationale steuerrechtliche Vorschriften der in diesem Artikel bezeichneten Art, die bestimmte Unterscheidungen, insbesondere nach dem Wohnort der Steuerpflichtigen, vorsahen, mit dem Gemeinschaftsrecht vereinbar sein, sofern sie auf Situationen angewendet wurden, die nicht objektiv vergleichbar (vgl. insbesondere Urteil vom 14. Februar 1995 in der Rechtssache C-279/93, Schumacker, Slg. 1995, I-225) oder durch zwingende Gründe des Allgemeininteresses, insbesondere die Kohärenz der Steuerregelung, gerechtfertigt waren (Urteile vom 28. Januar 1992 in der Rechtssache C-204/90, Bachmann, Slg. 1992, I-249, und Kommission/Belgien, C-300/90, Slg. 1992, I-305). [...] Jedenfalls ist in Artikel 73d Absatz 3 EG-Vertrag klargestellt, dass die nationalen Vorschriften, auf die sich Artikel 73d Absatz 1 Buchstabe a bezieht, weder ein Mittel zur willkürlichen Diskriminierung noch eine verschleierte Beschränkung des freien Kapital- und Zahlungsverkehrs im Sinne des Artikels 73 b darstellen dürfen."

GA *Stix-Hackl* hat in ihren Schlussanträgen in *Centro di Musicologia Walter Stauffer* jüngst darauf hingewiesen, dass der EuGH die Parallelität zwischen der

---

[13] EuGH v 6.6.2000, C-35/98, *Verkooijen* Rn 43 und 44.

Kapitalverkehrsfreiheit und den anderen Grundfreiheiten „im Urteil vom 5. Juli 2005 in der Rechtssache D.[...] unmissverständlich dargelegt [hat], indem der Gerichtshof seine Rechtsprechung betreffend die Beschränkungen der Freizügigkeit, der Niederlassungsfreiheit und des freien Dienstleistungsverkehrs im Bereich der direkten Besteuerung auf die Kapitalverkehrsfreiheit übertragen hat. [...] Danach verbieten die Grundfreiheiten nicht nur offenkundige Diskriminierungen aufgrund der Staatsangehörigkeit, sondern auch alle verschleierten Formen der Diskriminierung, die durch Anwendung anderer Unterscheidungsmerkmale tatsächlich zu demselben Ergebnis führen. Sie enthalten somit ein Diskriminierungsverbot, wonach ausgeschlossen werden soll, dass ohne rechtfertigenden Grund auf vergleichbare Sachverhalte unterschiedliche Regeln oder auf unterschiedliche Sachverhalte gleiche Regeln angewandt werden."[14]

Aus den genannten Gründen ist die Abgrenzung zwischen den Grundfreiheiten – auch wenn Generalanwälte wie Gerichtshof mitunter viel Aufwand darauf verwenden[15] – irrelevant. Sie kann nur in Bezug auf Drittstaaten Bedeutung haben, da bloß die Kapitalverkehrsfreiheit im Verhältnis zu Drittstaaten anzuwenden ist. Der EuGH hatte noch keine Gelegenheit, zur Frage Stellung zu nehmen, ob im Verhältnis zu den Drittstaaten ein anderer Maßstab anzulegen ist[16]. In *Manninen* finden sich in diese Richtung gehende Andeutungen[17]. In *van Hilten – van der Heijden* vermieden der Generalanwalt und EuGH Aussagen, da sie das Vorliegen einer Diskriminierung verneinten[18].

---

[14] Schlussantrag GA *Stix-Hackl* v 15.12.2005, C-386/04, *Stauffer* Rn 72 – 73.
[15] Zuletzt Schlussantrag GA *Stix-Hackl* v 15.12.2005, C-386/04, *Stauffer* Rn 32 ff.
[16] Grundlegend *Schön*, Der Kapitalverkehr mit Drittstaaten und das internationale Steuerrecht, in Gocke/Gosch/Lang (Hrsg) Festschrift Wassermeyer (2005), 489.
[17] EuGH v 7.9.2004, C-319/02, *Manninen* Rn 51.
[18] Schlussantrag GA Léger v 30.5.2005, C-513/03, *van Hilten-van der Heijden* Rn 20, EuGH v 23.2.2006, C-513/03, *van Hilten-van der Heijden*. kritisch: *Hohenwarter/Plansky*, Besteuerung von Erbschaften nach Wegzug in einen Drittstaat im Gemeinschaftsrecht - Schlussanträge des GA Léger in der Rs. van Hilten-van der Heijden, SWI 2005, 417.

2. Die Freizügigkeit gemäß Art 18 EG

Nach Art 18 Absatz 1 EG hat „[j]eder Unionsbürger das Recht, sich im Hoheitsgebiet der Mitgliedstaaten vorbehaltlich der [in dem] Vertrag und den Durchfüh-
rungsvorschriften vorgesehenen Beschränkungen und Bedingungen frei zu bewegen und aufzuhalten". Diese Regelung differenziert nicht zwischen den Materien. Folglich ist sie auch auf dem Gebiet der direkten Steuern anwendbar[19].

Der EuGH hat dies zuletzt in *Schempp* bestätigt und auch verdeutlicht, dass er
seine zu den Grundfreiheiten entwickelte Rechtsprechung auch auf Art 18 EG
angewendet wissen will[20]: „Auch wenn nach dem gegenwärtigen Stand des Gemeinschaftsrechts die direkten Steuern in die Zuständigkeit der Mitgliedstaaten
fallen, müssen diese jedoch ihre Befugnisse in diesem Bereich unter Wahrung
des Gemeinschaftsrechts, insbesondere der Vertragsbestimmungen über das jedem Unionsbürger zuerkannte Recht, sich im Hoheitsgebiet der Mitgliedstaaten
frei zu bewegen und aufzuhalten, ausüben und sich deshalb jeder offensichtlichen oder versteckten Diskriminierung aufgrund der Staatsangehörigkeit enthalten (in diesem Sinne Urteile vom 14. Februar 1995 in der Rechtssache C-279/93,
Schumacker, Slg. 1995, I-225, Randnrn. 21 und 26, und vom 12. Dezember
2002 in der Rechtssache C-385/00, De Groot, Slg. 2002, I-11819, Randnr. 75)."

---

[19]*Hilf,* in Grabitz/Hilf, Kommentar, Art 18 Rz 1; EuGH v 14.2.1995, C-279/93, *Schumacker*
Rn 21 und 26; Schlussantrag GA *La Pergola* v 1.7.1997, C-85/96, *Sala* Rn 15; EuGH v
12.12.2002, C-385/00, *De Groot* Rn 75.
[20] EuGH v 12.7.2005, C-403/03, *Schempp* Rn 19.

3. Das Diskriminierungsverbot des Art 12 EG

Art 12 EG kommt auf dem Gebiet der direkten Steuern nur wenig Bedeutung zu. Das allgemeine Diskriminierungsverbot wird nämlich von den spezielleren Regelungen überlagert. In *Gilly* hat der EuGH dazu Folgendes ausgeführt[21]: „Nach ständiger Rechtsprechung kann Artikel 6 des Vertrages, in dem das allgemeine Verbot der Diskriminierung aus Gründen der Staatsangehörigkeit niedergelegt ist, autonom nur in durch das Gemeinschaftsrecht geregelten Fällen angewendet werden, für die der Vertrag kein besonderes Diskriminierungsverbot vorsieht (vgl. u. a. Urteil vom 25. Juni 1997 in der Rechtssache C-131/96, Mora Romero, Slg. 1997, I-3659, Randnr. 10)."

In *Schempp* hat der EuGH deutlich gemacht, dass sich die von ihm auf Art 12 EG angewendeten Maßstäbe nicht von der Auslegungspraxis zu den Grundfreiheiten unterscheiden: „Nach ständiger Rechtsprechung gebietet das Diskriminierungsverbot, dass vergleichbare Sachverhalte nicht unterschiedlich behandelt werden, sofern eine Differenzierung nicht objektiv gerechtfertigt ist (Urteil vom 17. Juli 1997 in der Rechtssache C-354/95, National Farmers' Union u. a., Slg. 1997, I-4559, Randnr. 61)."[22]

---

[21] EuGH v 12.5.1998, C-336/96, *Gilly* Rn 37.
[22] EuGH v 12.7.2005, C-403/03, *Schempp* Rn 28.

III. Die Vergleichbarkeitsprüfung

1. Die Unterscheidung zwischen faktischer und rechtlicher Vergleichbarkeit

Nach ständiger Rechtsprechung des EuGH besteht eine Diskriminierung darin, dass unterschiedliche Vorschriften auf vergleichbare Situationen angewandt werden oder dass dieselbe Vorschrift auf unterschiedliche Situationen angewandt wird[23]. Unklarheit besteht mitunter darin, ob die Vergleichbarkeit in rechtlicher Hinsicht, in faktischer Hinsicht oder in rechtlicher und faktischer Hinsicht bestehen muss[24].

Der EuGH hat in *Avoir Fiscal* schon 1986 die maßgebende Vorgangsweise vorgegeben: Der Gerichtshof hat die Behandlung Gebietsfremder und Gebietsansässiger miteinander verglichen und dann festgestellt[25]: „Auch wenn nicht völlig auszuschließen ist, dass eine Unterscheidung je nach dem Sitz einer Gesellschaft oder eine Unterscheidung je nach dem Wohnsitz einer natürlichen Person unter bestimmten Voraussetzungen auf einem Gebiet wie dem des Steuerrechts gerechtfertigt sein kann, so ist im vorliegenden Fall doch darauf hinzuweisen, dass die französischen Steuerbestimmungen in Bezug auf die Festlegung der Besteuerungsgrundlage für die Festsetzung der Körperschaftsteuer keine Unterscheidung zwischen Gesellschaften mit Sitz in Frankreich und in Frankreich gelege-

---

[23] Vgl zB EuGH v 14.2.1995, C-279/93, *Schumacker* Rn 30; EuGH v 11.8.1995, C-80/94, *Wielockx* Rn 17; EuGH v 27.6.1996, C-107/94, *Asscher* Rn 40; EuGH v 29.4.1999, C-311/97, *Royal Bank of Scotland* Rn 26.

[24] Dazu *Lang*, Ist die Schumacker-Rechtsprechung am Ende? - Die Verpflichtung zur Berücksichtigung der persönlichen Verhältnisse und des Familienstandes in einem der Mitgliedsstaaten, RIW 2005, 336 (343 ff).

[25] EuGH v 28.1.1986, 270/83, *Avoir Fiscal* Rn 19.

nen Zweigniederlassungen und Agenturen von Gesellschaften mit Sitz im Ausland vornehmen."

Der EuGH unterscheidet seitdem mehr oder weniger konsequent zwischen dem maßgebenden Vergleichspaar einerseits und den steuerrechtlichen Regelungen im betreffenden Mitgliedstaat andererseits. Die unterschiedliche Behandlung eines von den Grundfreiheiten erfassten Sachverhalts und eines anderen Sachverhalts, der zum Vergleich herangezogen wurde, kann *alleine* noch keine Diskriminierung bewirken. Treffend hat GA *Poiares Maduro* in seinen Schlussanträgen in *Marks & Spencer* festgehalten[26]: „Die Bestimmungen über die Niederlassungsfreiheit stehen jedoch einer unterschiedlichen steuerlichen Behandlung natürlicher oder juristischer Personen, deren Rechtsstellung unterschiedlich ist, nicht entgegen. Zweck dieser Bestimmungen ist es nicht, einheitliche Regelungen für die verschiedenen Niederlassungsformen vorzuschreiben." Es bedarf zusätzlich der Untersuchung, ob die rechtliche Situation vergleichbar ist. Die Schlussanträge von GA *Poiares Maduro*, die zwar in der Sache durchaus diskussionsbedürftig sind[27], zeigen die Vorgangsweise illustrativ auf[28]: „In der vorliegenden Rechtssache gelten für ausländische Zweigniederlassungen und Tochtergesellschaften unterschiedliche Steuerregelungen. Diese unterschiedliche Behandlung hängt jedoch nicht nur damit zusammen, dass für sie unterschiedliche steuerliche Pflichten gelten. Sie steht im Zusammenhang mit der Ausgestaltung des britischen Besteuerungssystems für Gesellschaften selbst. In diesem System ist die unterschiedliche steuerliche Behandlung unmittelbar an die Wahl der

---

[26] Schlussantrag *GA Maduro* v 7.4.2005, C‑446/03, *Marks & Spencer* Rn 49.

[27] Kritisch *Lang,* Marks & Spencer und die Auswirkungen auf das Steuerrecht der Mitgliedstaaten, SWI 2005, 255 ff; *derselbe,* Marks and Spencer – more questions than answers: an analysis of the Opinion delivered by Advocate General Maduro, EC Tax Review 2005, 95; *Scheunemann,* Europaweite Verlustberücksichtigung im Konzern, IStR 2005, 303 (305); *Petritz/Schilcher,* Marks & Spencer – Erste Erkenntnisse aus dem Schlussantrag von Generalanwalt M. Poires Maduro, SWI 2005, 233 (237 ff); *Lang,* The *Marks & Spencer* Case – The Open Issues After the Final Word of the ECJ, ET 2006, 54.

[28] Schlussantrag *GA Maduro* v 7.4.2005, C‑446/03, *Marks & Spencer* Rn 48.

Rechtsform des Zweigbetriebs gebunden. Konzerne haben keinen Anspruch auf die Regelung der steuerlichen Konsolidierung, die für die Einkünfte der ständigen Betriebsstätten gilt. In dieser Hinsicht führt die Regelung des Konzernabzugs, selbst wenn sie eine Milderung des Grundsatzes der getrennten Besteuerung der Gesellschaften der Gruppe darstellt, nicht zu einer Angleichung der Situation der Tochtergesellschaften an diejenige der Zweigniederlassungen. Nach dieser Regelung wird nämlich die Übertragung von Verlusten besonders behandelt; es gibt keine gemeinsame konsolidierte Besteuerung. Dies rührt davon her, dass die Tochtergesellschaften noch immer als unabhängige rechtliche und steuerliche Einheiten behandelt werden. Somit besteht der Unterschied, der die Behandlung der beiden Niederlassungskategorien kennzeichnet, nicht nur darin, dass eine besondere Vergünstigung aufgrund der Entscheidung, sich im Ausland in der Form von Tochtergesellschaften niederzulassen, entzogen wird. Sie beruht auf einem Unterschied der für die verschiedenen Niederlassungsformen geltenden Steuerregelungen."

Wenn also der EuGH gelegentlich davon spricht, dass die Vergleichbarkeit der Situation in faktischer und rechtlicher Sicht gegeben sein muss[29], bringt er damit zum Ausdruck, dass er zum einen den in den Anwendungsbereich einer Grundfreiheit fallenden Sachverhalt einem anderen – von ihm als vergleichbar angenommenen – Sachverhalt gegenüber stellt, und dass die Vergleichbarkeit dieser Situation dann zum anderen in rechtlicher Hinsicht gegeben sein muss. Sowohl in faktischer als auch rechtlicher Hinsicht bedarf die Vergleichbarkeit einer – letztlich vom EuGH zu treffenden – Wertentscheidung.

---

[29] Vgl zB EuGH v 12.9.2002, C-431/01, *Mertens* Rn 32.

2. Die Vergleichspaare

Bereits in *Avoir Fiscal* ist der EuGH davon ausgegangen, dass die Niederlassungsfreiheit verbietet, bei juristischen Personen den Umstand, dass der satzungsmäßige Sitz einer Gesellschaft in einem anderen Mitgliedstaat liegt, zum Gegenstand einer Diskriminierung auf dem Gebiet der Besteuerung zu machen[30]. Die Zugehörigkeit zu einem Mitgliedstaat bestimmt sich nämlich nach Art 48 EG unter anderem auch nach ihrem satzungsmäßigen Sitz. Würde man „zulassen, dass der Mitgliedstaat der Niederlassung nach seinem Belieben eine ungleiche Behandlung allein deshalb vornehmen kann, weil sich der Sitz einer Gesellschaft in einem anderen Mitgliedstaat befindet, so würde diese Vorschrift ausgehöhlt"[31]. Gebietsfremde wurden damit mit Gebietsansässigen verglichen.

Bei natürlichen Personen war es weniger nahe liegend, die unterschiedliche Behandlung von Gebietsansässigen und Gebietsfremden als unzulässige Diskriminierung von Staatsangehörigen aufzugreifen. In den meisten europäischen Steuerrechtsordnungen spielt die Staatsangehörigkeit nämlich keine oder bloß eine untergeordnete Rolle. Knüpft eine steuerrechtliche Regelung aber nicht an die Staatsangehörigkeit an, kann die Staatsangehörigkeit auch nicht Anknüpfungspunkt einer Diskriminierung sein. Der EuGH ist hingegen davon ausgegangen, dass Vorschriften über die Gleichbehandlung nicht bloß offene Diskriminierungen auf Grund der Staatsangehörigkeit verbieten, sondern auch verdeckte Diskriminierungen auf Grund anderer Differenzierungskriterien, die zum selben Ergebnis führen[32]. Damit hat der EuGH schon 1990 die Voraussetzung geschaf-

---

[30] EuGH v 28.1.1986, 270/83, *Avoir Fiscal* Rn 20.
[31] EuGH v 28.1.1986, 270/83, *Avoir Fiscal* Rn 18.
[32] Vgl zB EuGH v 14.2.1974, C-152/73, *Sotgiu* Rn 11; EuGH v 28.1.1986, 270/83, *Avoir Fiscal* Rn 20 ff; EuGH v 8.5.1990, C-175/88, *Biehl* Rn 13 ff; EuGH v 28.1.1992, C-204/90, *Bachmann* Rn 8 ff; EuGH v 12.4.1994, C-1/93, *Halliburton* Rn 15; EuGH v 14.2.1995, C-279/93, *Schumacker* Rn 28; EuGH v 11.8.1995, C-80/94, *Wielockx* Rn 16; EuGH v

fen, den Grundfreiheiten auf dem Gebiet der Einkommensbesteuerung natürlicher Personen zum Durchbruch zu verhelfen[33]. Die Entwicklung unterscheidet sich somit wesentlich von jener auf dem Gebiet der Staatsangehörigendiskriminierungsverbote der DBA: Die herrschende Auffassung zum DBA-Recht geht heute noch davon aus, dass diese Regelungen auf dem Gebiet der vor allem an die Ansässigkeit anknüpfenden steuerrechtlichen Regelungen der meisten Staaten nur wenig Bedeutung haben[34].

Das Urteil *Biehl* stellt auch eindrucksvoll unter Beweis, welchen Maßstab der EuGH bereit ist anzulegen, wenn es darum geht, Kriterien zu identifizieren, die zum selben Ergebnis führen wie die unterschiedliche Staatsangehörigkeit. Eine Regelung des luxemburgischen Steuerrechts hatte Personen – ungeachtet der Staatsangehörigkeit –, die nicht während des gesamten Kalenderjahres in Luxemburg ansässig waren, die Möglichkeit versagt, im Wege der Veranlagung allenfalls zu viel bezahlte Lohnsteuer zurück erstattet zu bekommen. Darin sah der EuGH einen Verstoß gegen die Arbeitnehmerfreizügigkeit[35]: „Das Kriterium der ständigen Ansässigkeit im Inland für eine mögliche Erstattung zuviel einbehalter Steuern birgt, obwohl es unabhängig von der Staatsangehörigkeit des

---

27.6.1996, C-107/94, *Asscher* Rn 38; EuGH v 6.6.2000, C-35/98, *Verkooijen* Rn 35; EuGH v 21.11.2002, C-436/00, *X und Y* Rn 36 ff; EuGH v 12.6.2003, C-234/01 *Gerritse* Rn 28; EuGH v 15.7.2004, C-242/03, *Weidert und Paulus* Rn 13.

[33] EuGH v 8.5.1990, C-175/88, *Biehl* Rn 13 ff;

[34] *van Raad*, Nondiscrimination clauses in tax treaties (1986), 75; *Zöchling*, Österreich – Nondiscrimination rules in international taxation, Cahiers de droit fiscal international LXXVIIIB (1993) 304; *Adonnino*, Generalbericht – Non-discrimination rules in international taxation, Cahiers de droit fiscal international LXXVIIIB (1993) 159 f; *Thömmes*, Verbote der Diskriminierung von Steuerausländern und Steuerinländern, in Lehner (Hrsg) Steuerrecht im Europäischen Binnenmarkt DStJG (1996) 81 (95); *Lüdicke*, Die Besteuerung Nichtansässiger im Spannungsverhältnis zwischen Gemeinschaftsrecht und Doppelbesteuerungsabkommen, in Schön (Hrsg) Gedächtnisschrift Knobbe-Keuk, 647 (666); *Toifl*, Personengesellschaften im Recht der Doppelbesteuerungsabkommen (2002) 292 ff; *Rust* in Vogel/Lehner, DBA - Kommentar[4] (2003), Art 24, Rz 36 und 48; *Toifl*, Gemeinschaftsrechtskonforme Interpretation der DBA-rechtlichen Diskriminierungsverbote, SWI 2004, 325 (330 f); *Loukota*, Das DBA-Diskriminierungsverbot – Eine Bestandsaufnahme der Verwaltungspraxis, SWI 2005, 56 (57); *Wassermeyer* in Debatin/Wassermeyer (Hrsg) Doppelbesteuerung Art 24 Rz 16.

[35] EuGH v 8.5.1990, 175/88, *Biehl* Rn 14.

betroffenen Steuerpflichtigen angewandt wird, die Gefahr, dass es sich besonders zum Nachteil der Steuerpflichtigen auswirkt, die Angehörige anderer Mitgliedstaaten sind. Oft sind sie es nämlich, die das Land im Laufe des Jahres ver-
lassen oder sich dort niederlassen."

Noch weiter ging der EuGH 1992 in *Bachmann*, wo es um die Abzugsfähigkeit
von Versicherungsprämien ging[36]. Zahlungen an ausländische Versicherungsgesellschaften waren nach belgischem Steuerrecht weder bei unbeschränkt noch
bei beschränkt Steuerpflichtigen abzugsfähig. Lediglich Zahlungen an inländische Versicherungsgesellschaften minderten die Bemessungsgrundlage. Der
EuGH sah in diesen Regelungen eine versteckte Diskriminierung nach der
Staatsangehörigkeit: Staatsangehörige anderer Mitgliedstaaten, die in Belgien
eine Tätigkeit aufnehmen, werden üblicherweise bereits in ihrem Heimatstaat
einen Versicherungsvertrag mit einer dort ansässigen Versicherungsgesellschaft
geschlossen haben. Wenn sie nach Belgien wechseln, müssten sie das bisherige
Versicherungsverhältnis beenden und mit einer belgischen Versicherungsgesellschaft eine Vertragsbeziehung begründen, um die Abzugsfähigkeit der Prämien
sicherzustellen. Die Regelung birgt daher die Gefahr, dass sie sich besonders
zum Nachteil von Angehörigen anderer Mitgliedstaaten auswirkt.

Andererseits „hat der Gerichtshof in Rechtssachen, die die Einkommensbesteuerung natürlicher Personen betrafen, festgestellt, dass sich in einem bestimmten
Staat ansässige Personen und Gebietsfremde in der Regel nicht in einer gleichartigen Situation befinden, denn zwischen ihnen bestehen sowohl hinsichtlich der
Einkunftsquelle wie auch hinsichtlich der persönlichen Steuerkraft oder der persönlichen Lage und des Familienstands objektive Unterschiede"[37]. Die 1995 begründete *Schumacker*-Rechtsprechung erlaubt weitreichende Differenzierungen

---

[36] EuGH v 28.1.1992, C-204/90, *Bachmann*.
[37] Vgl EuGH v 29.4.1999, C-311/97, *Royal Bank of Scotland* Rn 27.

zwischen Gebietsansässigen und Gebietsfremden. Das Erfordernis der Gleichbehandlung wird dadurch zur begründungsbedürftigen Ausnahme, die aber noch
immer einen beachtlichen Anwendungsbereich hat[38]: „Jedoch kann bei einer
Steuervergünstigung, die Gebietsfremden nicht gewährt wird, eine Ungleichbehandlung dieser beiden Gruppen von Steuerpflichtigen als Diskriminierung im
Sinne des Vertrages angesehen werden, wenn kein objektiver Unterschied zwischen den beiden Gruppen von Steuerpflichtigen besteht, der eine solche Ungleichbehandlung rechtfertigen könnte"[39]. Unterschiedliche Vorschriften über
den Steuersatz oder die Bemessungsgrundlage für Gebietsansässige und Gebietsfremde bewirken daher im Regelfall Diskriminierungen[40]. Steuervorschriften, die der Berücksichtigung der persönlichen Verhältnisse oder des Familienstandes dienen, müssen ebenfalls auf einen Gebietsfremden angewendet werden,
wenn der Gebietsfremde alle oder fast alle Einkünfte in seinem Tätigkeitsstaat
erzielt[41]. Der Umstand, dass der EuGH seit 1995 die Situation Gebietsansässiger
und Gebietsfremder „im Regelfall" als nicht gleichartig erachtet, hat also keine
grundlegende Änderung seiner Rechtsprechung bewirkt. Wenngleich die Kontu-
ren der *Schumacker*-Rechtsprechung auch heute – also mehr als zehn Jahre später – alles andere als klar sind[42], lässt sich doch feststellen, dass es – empirisch

---

[38] Vgl zB EuGH v 14.2.1995, C-279/93, *Schumacker* Rn 36 ff; EuGH v 27.6.1996, C-107/94, *Asscher* Rn 42; EuGH v 29.4.1999, C-311/97, *Royal Bank of Scotland* Rn 27.

[39] EuGH v 14.2.1995, C-279/93, *Schumacker* Rn 35 bis 38; EuGH v 27.6.1996, C-107/94, *Asscher* Rn 42.

[40] EuGH v 14.2.1995, C-279/93, *Schumacker* Rn 37.

[41] EuGH v 14.2.1995, C-279/93, *Schumacker* Rn 36; EuGH v 27.6.1996, C-107/94, *Asscher* Rn 42; EuGH v 11.8.1995, C-80/94, *Wielockx* Rn 20; EuGH v 14.9.1999, C-391/97, *Gschwind* Rn 27; EuGH 16.5.2000, C-89/99, *Zurstrassen* Rn 22 ff; EuGH v 12.6.2003, C-234/01, *Gerritse* Rn 27; EuGH v 1.7.2004, C-169/03, *Wallentin* Rn 17; EuGH v 5.7.2005, C-376/03, *D.* Rn 29.

[42] Vgl dazu *Lüdicke*, Merkwürdigkeiten bei der Umsetzung des Schumacker-Urteils des EuGH, IStR 1996, 111; *Lüdicke*, Die Besteuerung Nichtansässiger im Spannungsverhältnis zwischen Gemeinschaftsrecht und Doppelbesteuerungsabkommen, in Schön (Hrsg) Gedächtnisschrift Knobbe-Keuk, 647 (651); *Wattel*, Progressive Taxation of Non-Residents and Intra-EC Allocation of Personal Tax Allowances: Why *Schumacker, Asscher, Gilly* and *Gschwind* Do not Suffice, ET 2000, 210 (222); *Avery-Jones*, A Comment on „Progressive Taxation of Non-Residents and Intra-EC Allocation of Personal Tax Allowances", ET 2000, 375 (376);

betrachtet – eher dem Regelfall als der Ausnahme entspricht, dass der EuGH die Situation Gebietsansässiger und Gebietsfremder als vergleichbar ansieht[43].

In dem schon erwähnten Urteil *Bachmann* hat der EuGH ein weiteres Vergleichspaar herausgebildet, das in der jüngeren Rechtsprechung dann eigenständige Bedeutung erlangt hat: Der der Rs *Bachmann* zugrunde liegende Sachverhalt lässt sich nämlich nur mit großer Mühe als Fall einer versteckten Diskriminierung darstellen. Nahe liegender ist die Deutung, wonach die grenzüberschreitende Zahlung von Versicherungsprämien gegenüber der Zahlung an eine im selben Mitgliedstaat ansässige Versicherungsgesellschaft diskriminiert war. In der Folge hat sich dieses Vergleichspaar dann von der versteckten Diskriminierung emanzipiert[44]: Der EuGH erachtet heute in ständiger Rechtsprechung die Situation von Gebietsansässigen, die in einem anderen Mitgliedstaat tätig sind, Leistungen erbringen, sich niederlassen oder investieren, mit der Situation von Gebietsansässigen als in faktischer Hinsicht gleichartig, die denselben Sachverhalt innerhalb ihre Mitgliedstaates verwirklichen[45].

Schnitger, Die Rechtsprechung des EuGH zur Berücksichtigung der persönlichen Verhältnisse, eine Sackgasse? IStR 2002, 478 (479); *Valat*, General Allowances and Home State Obligations under EC Law: Opinion delivered in the De Groot Case, ET 2002, 446 (448 f); *Cordewener*, Europäische Grundfreiheiten und nationales Steuerrecht (2002) 497; *Mattson*, Does the European Court of Justice Unterstand the Policy Behind Tax Benefits Based on Personal and Family Circumstances? ET 2003, 186 (193); *Mössner*, Arbeitnehmerfreizügigkeit und DBA-Recht, in: Gassner/Lang/Lechner (Hrsg) Arbeitnehmer im Recht der Doppelbesteuerungsabkommen (2003), 13 (27 ff); *Hahn*, Einkommensteuer: Berechnung der Einkommensteuer bei einem Staatsangehörigen, der in verschiedenen Mitgliedstaaten berufstätig war, IStR 2003, 59 (66); *Lang*, RIW 2005, 336 ff; *derselbe*, Wohin geht das internationale Steuerrecht, IStR 2005, 289 ff; *derselbe*, Das EuGH-Urteil in der Rechtssache D. – Gerät der Motor der Steuerharmonisierung ins Stottern?, SWI 2005, 365 (367).

[43] Siehe zB EuGH v 11.8.1995, C-80/94, *Wielockx* Rn 20; EuGH v 27.6.1996, C-107/94, *Asscher* Rn 42; EuGH v 14.9.1999, C-391/97, *Gschwind* Rn 27 ff; EuGH v 12.6.2003, C-234/01, *Gerritse* Rn 27.

[44] Vgl zB EuGH v 14.2.1995, C-279/93, *Schumacker* Rn 36; EuGH v 29.4.1999, C-311/97, *Royal Bank of Scotland* Rn 29; EuGH v 21.9.1999, C-307/97, *Saint Gobain* Rn 47 f; EuGH v 12.6.2003, C-234/01, *Gerritse* Rn 53.

[45] Vgl zB EuGH v 14.2. 1995, C-279/93, *Schumacker* Rn 36; EuGH v 11.8.1995, C-80/94, *Wielockx* Rn 18; EuGH v 27.6.1996, C-107/94, *Asscher* Rn 41; EuGH v 16.5.2000, C-87/99, *Zurstrassen* Rn 21; EuGH v 12.6.2003, C-234/01, *Gerritse* Rn 43; EuGH v 1.7.2004, C-

Ein weiteres Vergleichspaar hat der EuGH schon in seinem Urteil *Avoir Fiscal* mit dem Konzept der freien Rechtsformwahl angedeutet[46]: „Denn da Art 52 Abs 1 Satz 2 den Wirtschaftsteilnehmern ausdrücklich die Möglichkeit lässt, die geeignete Rechtsform für die Ausübung ihrer Tätigkeit in einem anderen Mitgliedstaat frei zu wählen, darf diese freie Wahl nicht durch diskriminierende Steuerbestimmungen eingeschränkt werden." Diesem Hinweis wurde anfangs keine allzu große Bedeutung beigemessen, zumal die Diskriminierung der Betriebsstätte gegenüber der Tochtergesellschaft mit der Diskriminierung der gebietsfremden Gesellschaft gegenüber der gebietsansässigen Gesellschaft zusammenfiel. In letzter Zeit sind aber Konstellationen an den EuGH herangetragen worden, in denen *die Tochtergesellschaft* gegenüber der Betriebsstätte diskriminiert worden ist. In *Marks & Spencer* hat GA *Poiares Maduro* auch dieses Vergleichspaar akzeptiert, dann aber im konkreten Fall auf Grund unterschiedlicher rechtlicher Regelungen keine Vergleichbarkeit der Situation angenommen. Die Ausführungen des Generalanwalts lassen darauf schließen, dass er gegebenenfalls auch bereit gewesen wäre, die Tochtergesellschaft der Betriebsstätte gegenüber zu stellen[47]. Im Urteil hat der EuGH dieses Vergleichspaar jedoch – ohne dies zu begründen – nicht herangezogen.[48] In CLT UFA SA geht es um die Frage, ob die inländische Betriebsstätte einer ausländischen Gesellschaft einer inländischen Tochtergesellschaft einer ausländischen Muttergesellschaft gegenüber gestellt werden kann. GA *Léger* und der EuGH haben dieses Vergleichspaar ebenfalls akzeptiert.[49]

169/03, *Wallentin* Rn 15; vgl weiters auch GA *Léger,* Schlussantrag v 1.3.2005, C-152/03, *Ritter-Coulais* Rn 82.

[46] EuGH v 28.1.1986, 270/83, *Avoir Fiscal* Rn 22.

[47] Schlussantrag GA *Maduro* v 7.4.2005, C-446/03, *Marks & Spencer* Rn 48.

[48] EuGH v 13.12.2005, C-446/03, *Marks & Spencer* Rn 32 ff, dazu *Lang,* ET 2006, 56 f.

[49] Schlussantrag GA *Léger* v 14.4.2005, C-253/03, *CLT-UFA-SA* Rn 78; EuGH v 23.2.2006, C-253/03, *CLT-UFA-SA* Rn 30.

Ein weiteres Vergleichspaar ist im Schrifttum unter dem Schlagwort der „Meist-begünstigung" diskutiert worden. Dabei geht es um den Vergleich von Gebiets-fremden untereinander, die in verschiedenen Mitgliedstaaten ansässig sind. In *D* hat der EuGH in einer derartigen unterschiedlichen Behandlung keinen Verstoß gegen das Gemeinschaftsrecht gesehen. Er hat dies damit begründet, dass sich die unterschiedliche Behandlung „aus dem Wesen bilateraler Abkommen zur Vermeidung der Doppelbesteuerung" ergibt und daher keine Vergleichbarkeit vorliegt[50]. Somit war die *rechtliche* Situation verschiedener Gebietsfremder nicht vergleichbar, was aber nicht bedeutet, dass der EuGH dieses Vergleichs-paar überhaupt nicht in Betracht ziehen würde. Der Umstand, dass der EuGH sich überhaupt mit der *rechtlichen Vergleichbarkeit* auseinander gesetzt hat, deutet vielmehr darauf hin, dass der EuGH an sich bereit ist, auch Gebietsfrem-de aus verschiedenen Mitgliedstaaten miteinander zu vergleichen.

In einem Teil des Fachschrifttums wird der Frage, ob zwischen der Deutung der Grundfreiheiten als Diskriminierungsverbote und als Beschränkungsverbote ein grundlegender Unterschied besteht, große Bedeutung beigemessen[51]. Auf dem Gebiet des Steuerrechts hat diese Frage bisher eine geringere Rolle gespielt, da Übereinstimmung besteht, dass sich alle oder nahezu alle Fälle, die den bisher ergangenen Urteilen zugrunde liegen, als Diskriminierungsproblem deuten las-sen[52]. Gerade am Beispiel des Steuerrechts lässt sich auch gut zeigen, dass die

---

[50] EuGH v 5.7.2005, C-376/03, *D.* Rn 61.

[51] Vgl ua *Cordewener,* Europäische Grundfreiheiten und nationales Steuerrecht (2002) 175 ff; *Englisch,* Zur Dogmatik der Grundfreiheiten des EGV und ihren ertragsteuerlichen Implikati-onen, StuW 2003, 88 (89); *Hey,* Perspektiven der Unternehmensbesteuerung in Europa, StuW 2004, 193 (194 f); *Hahn,* Gemeinschaftsrecht und Recht der direkten Steuern – Teil I, DStZ 2005, 433 (439 ff).

[52] Vgl *Lang,* Kapitalverkehrsfreiheit und Doppelbesteuerungsabkommen, in Lech-ner/Staringer/Tumpel (Hrsg), Kapitalverkehrsfreiheit und Steuerrecht (2000) 181 (189 ff); *derselbe,* Europarechtliche Aspekte der Besteuerung von Erbschaften, in Birk (Hrsg) Steuern auf Erbschaft und Vermögen (1999), 261 ff; *Toifl,* Die EU-Grundfreiheiten und die Diskri-minierungsverbote der Doppelbesteuerungsabkommen, in Gassner/Lang/Lechner (Hrsg), Dop-pelbesteuerungsabkommen und EU-Recht (1996), 139 (160 f); ebenso: Schlussantrag GA *La*

Identifikation von Beschränkungen ebenfalls eines Vergleichsmaßstabes bedarf[53]. Sonst wäre jede steuerliche Belastung einer grenzüberschreitenden Aktivität eine unzulässige Beschränkung. Erkennt man dies an, wird aber auch deutlich, dass sich so genannte Beschränkungen auch nicht strukturell von anderen Formen der Gleichheitsprüfung unterscheiden. Die Annahme, dass eine Beschränkung vorliegt, ist daher das Ergebnis einer abgekürzten Vergleichbarkeitsprüfung[54]. Die Suche nach einem Vergleichspaar ist immer möglich. Im extremsten Fall lässt sich eine Regelung mit einer Nichtregelung oder mit der gesamten Rechtsordnung vergleichen[55]. Das Beschränkungsverbot lässt sich daher in einer Vergleichbarkeitsprüfung auflösen[56]. Die Problemlage ist ähnlich wie im Falle der Sachlichkeitsprüfung, für die die Lehre schon vor mehr als 30 Jahren herausgearbeitet hat, dass sie bloß eine verkürzte Form der gleichheitsrechtlichen Prüfung darstellt[57]. Zwischen dem Verständnis der Grundfreiheiten als Beschränkungsverbot einerseits und als Diskriminierungsverbot andererseits besteht kein struktureller Unterschied[58].

Dies lässt sich anschaulich anhand des EuGH-Urteils *Futura Participations* erläutern. Dieses Urteil wird im Schrifttum immer wieder als Beleg für die Inter-

Pergola 24.6.1999, C-35/98, *Verkooijen* Rn 18; in diese Richtung zuletzt auch *Englisch,* Dividendenbesteuerung (2005), 247 ff; *Lyal,* Non-discrimination and direct tax in Community Law, EC Tax Review 2003, 68 (74).

[53] *Lang* in Birk (Hrsg), Steuern auf Erbschaft und Vermögen 262; *derselbe* in Lechner/Staringer/Tumpel (Hrsg), Kapitalverkehrsfreiheit und Steuerrecht 190.

[54] Diskussionsbeitrag *Lang* in Dirk (Hrsg), Steuern auf Erbschaft und Vermögen 301 f.

[55] Grundlegend *Gassner,* Gleichheitssatz und Steuerrecht, Institut für Finanzwissenschaft und Steuerrecht Nr 64 (1970), 7 zur insoweit vergleichbaren gleichheitsrechtlichen Problematik.

[56] *Lang* in Lechner/Staringer/Tumpel (Hrsg), Kapitalverkehrsfreiheit und Steuerrecht 190 f.

[57] *Gassner,* Gleichheitssatz und Steuerrecht, 7; *Korinek,* Gedanken zur Bindung des Gesetzgebers an den Gleichheitsgrundsatz nach der Judikatur des Verfassungsgerichtshofs, in Schäfer (Hrsg), Im Dienst an Staat und Recht – Festschrift Melichar (1983), 39 (48); *Korinek/Holoubek,* Gleichheitsrecht und Abgabenrecht, in Gassner/Lechner (Hrsg) Steuerbilanzreform und Verfassungsrecht (1991) 73 (83 f).

[58] *Toifl* in Gassner/Lang/Lechner, Doppelbesteuerungsabkommen und EU-Recht 161; *Matzka,* Das österreichische Steuerrecht im Lichte der Freiheit des Kapitalverkehrs (1998) 69; ebenso offenbar Schlussantrag *GA Geelhoed* v 23.2.2006, C-374/04, *ACT Group Litigation* Rn 36.

pretation der Grundfreiheiten als Beschränkungsverbot genannt[59]. Tatsächlich hat der EuGH dort auch ausdrücklich auf jene Urteile außerhalb des Steuerrechts Bezug genommen, die als Musterbeispiele für Fälle eines Beschränkungsverbotes gelten[60]. Auch in diesem Fall lassen sich aber problemlos Vergleichspaare aufspüren: Das nach der luxemburgischen Regelung aufgestellte Erfordernis einer eigenen, zusätzlichen Betriebsstättenbuchführung galt nur für ausländische Unternehmen. Bei in Luxemburg ansässigen Unternehmen war nicht gefordert, dass die Betriebsstätte zusätzlich zum Stammhaus über eine eigene Buchführung verfügen muss. Weiters hat der EuGH darauf hingewiesen, dass nach „luxemburgischem Recht ... Steuerausländer im allgemeinen nicht verpflichtet [sind], über ihre Tätigkeiten in Luxemburg ordnungsmäßige Bücher zu führen, so dass die luxemburgischen Behörden grundsätzlich auf jede Möglichkeit verzichtet haben, in diese Buchführung Einsicht zu nehmen (...). Nur wenn ein Steuerausländer Verlustvorträge aus einem früheren Geschäftsjahr absetzen will, muss er belegen, dass er während dieses Jahres über seine Tätigkeiten in Luxemburg ordnungsmäßige Bücher geführt und dort aufbewahrt hat.“[61] Folglich stellt der EuGH verlustbringende Betriebsstätten von Steuerausländern in Luxemburg anderen wirtschaftlichen Aktivitäten von Steuerausländern gegenüber.

An diesem Beispiel zeigt sich auch die Funktion des Vergleichspaares in der Rechtsprechung zu den Grundfreiheiten: Ein Verstoß gegen die Grundfreiheiten setzt voraus, dass der nationale Gesetzgeber in einer vom EuGH mit dem zu prüfenden unter den Anwendungsbereich einer Grundfreiheit fallenden Sachverhalt als vergleichbar angesehenen Konstellation eine günstigere Behandlung vor-

---

[59] Siehe zB *Farmer*, EC law and national rules on direct taxation: a phoney war?, EC Tax Review 1998, 13, 27 f; *Cordewener*, Europäische Grundfreiheiten und nationales Steuerrecht 629; dazu auch *Toifl*, Neue EuGH-Entscheidung zur Betriebstättendiskriminierung, SWI 1997, 311 (317).

[60] EuGH v 30.11.1995, C-55/94, *Gebhard* Rn 37; EuGH v 31.3.1993, C-19/92, *Kraus* Rn 32; EuGH v 15.12.1995, C-415/93, *Bosman* Rn 104.

[61] EuGH v 15.5.1997, C-250/95, *Futura Participations* Rn 37 ff.

sieht. Ein Gebietsfremder kann genauso mit einem Gebietsansässigen verglichen werden wie eine verlustbringende Betriebsstätte eines Steuerausländers mit einer anderen wirtschaftlichen Aktivität eines Steuerausländers. Die Problematik kann jeweils auch als Beschränkung des Gebietsfremden oder des Steuerausländers mit verlustbringender Betriebsstätte beschrieben werden. Die Deutung der Grundfreiheiten als Diskriminierungs- oder Beschränkungsverbote ist daher insoweit austauschbar.

Das Urteil des EuGH in *Futura Participations* eignet sich auch, einen weiteren Aspekt der Anwendung der Grundfreiheiten zu erläutern: Das luxemburgische Recht erlaubt auch die Sichtweise, dass in diesem Fall Gebietsansässige – also in Luxemburg ansässige Gesellschaften – gleich wie Gebietsfremde – also in einem anderen EU-Mitgliedstaat ansässige Gesellschaften mit Betriebsstätte in Luxemburg – behandelt werden: In beiden Fällen muss in Luxemburg eine Buchführung vorliegen, damit Verluste vorgetragen werden können. In einer solchen Konstellationen könnte die vom EuGH auch immer wieder ins Treffen geführte Umkehrung seines gleichheitsrechtlichen Prüfungsschemas angewendet werden: Nach ständiger Rechtsprechung des EuGH besteht eine Diskriminierung nämlich nicht nur darin, dass unterschiedliche Vorschriften auf vergleichbare Situationen angewandt werden, sondern auch darin, dass dieselbe Vorschrift auf unterschiedliche Situationen angewandt wird[62]. In *Futura Participations* wäre es durchaus denkbar gewesen, in Luxemburg ansässige Gesellschaften und in einem anderen Mitgliedstaat ansässige Gesellschaften insoweit als in unterschiedlichen Situationen befindlich anzusehen, da in einem anderen Mit-

---

[62] EuGH v 14.2.1995, C-279/93, *Schumacker* Rn 30; EuGH v 11.8.1995, C-80/94, *Wielockx* Rn 17; EuGH v 27.6.1996, C-107/94, *Asscher* Rn 40; EuGH v 29.4.1999, C-311/97, *Royal Bank of Scotland* Rn 26; Zur Diskussion über den Gleichheitssatz zweiter Ordnung auf dem Gebiet des Verfassungsrechts vgl *Gassner*, Gleichheitssatz und Steuerrecht, 7 ff; *Korinek* in Schäffer (Hrsg) Im Dienst an Staat und Recht – FS Melicha 39 (48 ff); *Holoubek*, Die Sachlichkeitsprüfung des allgemeinen Gleichheitssatzes, ÖZW 1991, 72 (77 ff).

gliedstaat ansässige Gesellschaften in aller Regel dort Buchführungsverpflichtungen – und zwar für das gesamte Unternehmen – unterliegen.

Interessanterweise betont der EuGH in seiner Rechtsprechung zu den Grundfreiheiten laufend auch das Gebot der Ungleichbehandlung unterschiedlicher Situationen[63], ist aber zurückhaltend, diese Überlegung für die Beurteilung konkreter Fallkonstellationen fruchtbar zu machen: Zuletzt hat GA *Poiares Maduro* zwar den Vergleich einer ausländischen Tochtergesellschaft mit einer ausländischen Betriebsstätte ins Treffen geführt, auf Grund von Unterschieden in der rechtlichen Situation diese Argumentation aber nicht weiter verfolgt[64]. Nahe liegender wäre es gewesen herauszuarbeiten, in welchem Umfang sich aus den aufgezeigten Unterschieden die Zulässigkeit oder Notwendigkeit unterschiedlicher Rechtsfolgenanordnungen ergibt. Angesichts des Verhältnismäßigkeitsgrundsatzes wäre wohl davon auszugehen gewesen, dass bloß geringfügige Unterschiede nicht völlig unterschiedliche Rechtsfolgen zulassen[65]. Ein weiterer Anwendungsfall für derartige Überlegungen ist *van Hilten – van der Heijden*, in dem es um die erweiterte unbeschränkte Erbschaftssteuerpflicht geht[66]: Nach niederländischem Erbschaftssteuerrecht sind niederländische Staatsbürger, die vor weniger als zehn Jahren ihre Ansässigkeit in den Niederlanden aufgegeben haben, nach wie vor in den Niederlanden unbeschränkt steuerpflichtig. In dieser Konstellation können nicht nur niederländische Staatsbürger mit Staatsbürgern anderer Mitgliedstaaten, die ebenfalls innerhalb dieses Zeitraums aus den Niederlanden weggezogen sind, verglichen werden, sondern auch die der erweiter-

---

[63] EuGH v 14.2.1995, C-279/93, *Schumacker* Rn 31; EuGH v 11.8.1995, C-80/94, *Wielockx* Rn 18; EuGH v 27.6.1996, C-107/94, *Asscher* Rn 41; EuGH v 29.4.1999, C-311/97, *Royal Bank of Scotland* Rn 27; EuGH v 14.9.1999, C-391/97, *Gschwind* Rn 22; EuGH v 16.5.2000, C-87/99, *Zurstrassen* Rn 21; EuGH v 12.6.2003, C-234/01, *Gerritse* Rn 43; EuGH v 5.7.2005, C-376/03, *D.* Rn 26.

[64] Schlussantrag GA *Maduro* v 7.4.2005, C‑446/03, *Marks & Spencer* Rn 48.

[65] So auch *Lyal*, EC Tax Review 2003, 69 ff; *Lang*, IStR 2005, 291.

[66] Schlussantrag GA *Léger* v 30.6.2005, C-513/03, van Hilten-van der Heijden.

ten unbeschränkten Steuerpflicht unterliegenden niederländischen Staatsangehörigen anderen nach wie vor in den Niederlanden ansässigen Steuerpflichtigen
gegenüber gestellt werden. Vor dem Hintergrund dieses Vergleichspaares würde
sich die Frage aufdrängen, ob es gerechtfertigt ist, für beide Gruppen von Steuerpflichtigen dieselben Rechtsfolgen vorzusehen, obwohl letztere in einer unterschiedlichen Situation sind, da sie lediglich eine verdünnte Nahebeziehung zu
den Niederlanden besitzen. Weder in den Schlussanträgen noch im Urteil des
EuGH werden jedoch derartige Überlegungen angestellt.

3. Rechtliche Vergleichbarkeit

Die Wahl des Vergleichspaares ist ein entscheidender Schritt bei der Prüfung
einer nationalen Regelung am Maßstab der Grundfreiheiten. Sieht man von der
noch zu besprechenden *Schumacker*-Rechtsprechung ab, entscheidet die Wahl
des Vergleichspaares noch nicht alleine darüber, ob eine vergleichbare Situation
vorliegt. Der EuGH betont in ständiger Rechtsprechung, dass entscheidend ist,
dass die Regelungen auch in rechtlicher Hinsicht vergleichbar sind. Mitunter
scheint er zwar die rechtliche Vergleichbarkeit der Situation alleine zu betonen.
Allerdings bedarf es auch in diesen Konstellationen der vorherigen Identifikation eines Vergleichspaares, das dann darauf hin untersucht werden kann, ob die
Situationen in rechtlicher Hinsicht vergleichbar sind. Wenn der EuGH gelegentlich davon spricht, dass die Vergleichbarkeit in faktischer und rechtlicher Hinsicht gegeben sein muss[67], bringt dies treffend zum Ausdruck, dass die Wahl des

---

[67] EuGH v 12.9.2002, C-431/01, *Mertens* Rn 32; „Nach ständiger Rechtsprechung liegt eine
Ungleichbehandlung vor, wenn zwei Gruppen von Personen, deren rechtliche und tatsächliche
Situation keine wesentlichen Unterschiede aufweist, unterschiedlich behandelt oder wenn
nicht vergleichbare Sachverhalte gleichbehandelt werden.". Vgl auch den Vergleich konkreter
Rechtsvorschriften, den der EuGH in den Rechtssachen *Royal Bank of Scotland* (EuGH v
29.4.1999, C-311/97 Rn 24) und *Saint Gobain* (EuGH v 21.9.1999, C-307/97 Rn 48) vor-
nimmt.

Vergleichspaars an sich und die Analyse, ob die Rechtslage vergleichbar ist, auseinander zu halten ist.

Das bereits erwähnte Urteil des EuGH in *Avoir Fiscal* bietet ein anschauliches Beispiel dafür, wie der EuGH argumentiert, wenn er die Rechtslage als vergleichbar ansieht[68]: Er wies darauf hin, „dass die französischen Steuerbestimmungen in Bezug auf die Festlegung der Besteuerungsgrundlage für die Festsetzung der Körperschaftsteuer keine Unterscheidung zwischen Gesellschaften mit Sitz in Frankreich und in Frankreich gelegenen Zweigniederlassungen und Agenturen von Gesellschaften mit Sitz im Ausland vornehmen." Das Urteil *Saint-Gobain* zeigt deutlich auf, dass entscheidend ist, welche Regelungen in die Vergleichbarkeitsprüfung einbezogen werden[69]. Der EuGH legt seine Maßstäbe offen, letztlich hängt das Ergebnis dieser Überlegungen aber von einer Wertentscheidung des Gerichtshofs ab[70]: „Inländische und ausländische Gesellschaften befinden sich vor allem deshalb in einer vergleichbaren Lage, weil die unterschiedliche Behandlung in Wirklichkeit erst auf der Stufe der streitigen Steuervergünstigungen auftritt. Diese Vergünstigungen erlauben es den inländischen Gesellschaften, die im Ausland entrichtete Steuer, mit der die Dividenden aus Beteiligungen an ausländischen Gesellschaften belastet worden sind, von der Körperschaftsteuer abzuziehen oder diese Dividenden oder Beteiligungen von ihren in Deutschland steuerpflichtigen Einkünften und ihrem dort steuerpflichtigen Welteinkommen auszunehmen. Die Verweigerung dieser Vergünstigungen im Falle ausländischer Gesellschaften, die in Deutschland eine Betriebsstätte unterhalten, hat zur Folge, dass ihre theoretisch auf die ‚inländischen' Einkünfte und das ‚inländische' Vermögen beschränkte Steuerpflicht sich in Wirklichkeit auf die aus dem Ausland stammenden Dividenden und Beteiligungen an auslän-

---

[68] EuGH v 28.1.1986, 270/83, *Avoir Fiscal* Rn 19.
[69] EuGH v 21.9.1999, C-307/97, *Saint Gobain* Rn 38.
[70] EuGH v 21.9.1999, C-307/97, *Saint Gobain* Rn 41.

dischen Kapitalgesellschaften erstreckt. Für die streitigen Fragen sind die sonstigen Unterschiede zwischen beschränkter und unbeschränkter Steuerpflicht ohne Bedeutung, weil das Welteinkommen und das Gesamtvermögen aufgrund der Gewährung der genannten Steuervergünstigungen, die den beschränkt Steuerpflichtigen gerade nicht zugute kommen, weder die von ausländischen Gesellschaften ausgeschütteten Dividenden noch die Beteiligungen an diesen Gesellschaften umfassen."[71]

Ein illustratives Anschauungsbeispiel bietet auch die Begründung des EuGH-Urteils in *Royal Bank of Scotland*[72]: "Was das Verfahren zur Ermittlung der Besteuerungsgrundlage betrifft, treffen die griechischen Steuervorschriften zwischen den Gesellschaften, die ihren Sitz in Griechenland haben, und denen, die zwar ihren Sitz in einem anderen Mitgliedstaat, in Griechenland jedoch eine dauerhafte Niederlassung haben, keine Unterscheidung, die eine Ungleichbehandlung zwischen den beiden Gruppen von Gesellschaften rechtfertigen könnte. Die Steuer wird nämlich [...] gemäß Artikel 99 Absatz 1 Buchstabe d in Verbindung mit Artikel 105 des Einkommensteuergesetzbuchs für inländische wie für ausländische Gesellschaften von den Nettoeinnahmen oder vom Reingewinn berechnet, nach Abzug des Gewinnanteils, der den nicht steuerbaren Einnahmen entspricht; der Gewinn wird für die inländischen wie für die ausländischen Gesellschaften nach diesem Verfahren ermittelt. [...] Zwar werden die Gesellschaften, die ihren Sitz in Griechenland haben, dort auf der Grundlage ihrer weltweit erzielten Einnahmen besteuert (unbeschränkte Steuerpflicht), während die ausländischen Gesellschaften, die in diesem Staat durch eine dauerhafte Niederlassung eine Geschäftstätigkeit ausüben, dort nur auf der Grundlage der Gewinne besteuert werden, die diese dauerhafte Niederlassung dort erzielt (beschränkte Steuerpflicht). Dieser Umstand, der darauf beruht, dass der

---

[71] EuGH v 21.9.1999, C-307/97, *Saint Gobain* Rn 48.
[72] EuGH v 29.4.1999, C-311/97, *Royal Bank of Scotland* Rn 28 - 31.

Staat, in dem sich die Einkommensquelle befindet, im Verhältnis zu dem Staat, in dem die Gesellschaft ihren Sitz hat, nur über eine beschränkte Steuerhoheit verfügt, hindert jedoch nicht daran, die Situation beider Gruppen von Gesellschaften bei Gleichartigkeit sämtlicher übrigen Faktoren in Bezug auf das Verfahren zur Ermittlung der Besteuerungsgrundlage als vergleichbar anzusehen. [...] Demnach führen einzelstaatliche Rechtsvorschriften wie die griechischen Steuervorschriften, die zum einen für die Zwecke der Einkommensbesteuerung zwischen den Gesellschaften, die ihren Sitz in Griechenland haben, und denen, die ihren Sitz in einem anderen Mitgliedstaat, in Griechenland aber eine dauerhafte Niederlassung haben, keine Unterscheidung treffen, die im Rahmen der Erhebung derselben Steuer eine Ungleichbehandlung zwischen den beiden Gruppen von Gesellschaften rechtfertigen könnte, und die zum anderen in Bezug auf den Körperschaftsteuersatz eine Ungleichbehandlung vorsehen, insoweit zu einer Diskriminierung der Gesellschaften, deren Sitz sich in einem anderen Mitgliedstaat befindet, als sie für diese, unabhängig von deren Rechtsform und der Rechtsnatur der von ihnen emittierten Aktien, einen Steuersatz von 40 % festlegen, während der Steuersatz von 35 % ausschließlich für Gesellschaften gilt, deren Sitz sich in Griechenland befindet. [...] Außerdem kommt [...] hinzu, dass der Umstand, dass die in Artikel 109 des Einkommensteuergesetzbuchs vorgesehene unterschiedliche Art und Weise der Gewinnbesteuerung nicht auf irgendeinem objektiven Unterschied zwischen der Situation von Gesellschaften mit Sitz in den anderen Mitgliedstaaten und der von Gesellschaften mit Sitz in Griechenland beruht, dadurch bestätigt wird, dass die griechische Zweigniederlassung einer Bank mit Sitz im Vereinigten Königreich im Rahmen des Abkommens über die Vermeidung von Doppelbesteuerung zwischen der Griechischen Republik und dem Vereinigten Königreich, insbesondere nach dessen Artikeln II, III und XVI, in Griechenland eine dauerhafte Niederlassung darstellt, die steuerlich einer gebietsansässigen Gesellschaft gleichgestellt ist, so dass dadurch vertraglich anerkannt ist, dass sie sich in einer Situation befindet, die der einer inländischen Gesellschaft objektiv vergleichbar ist."

Verneint der EuGH die rechtliche Vergleichbarkeit der Situation, ist das Verfahren damit bereits entschieden. Das zeigt sich deutlich im Urteil in *D*. Während der EuGH in seinem gerade wiedergegebenen Urteil in *Saint-Gobain* die abkommensrechtlichen Regelungen einbezogen hatte, um die rechtliche Vergleichbarkeit der Situationen zu erhärten, waren es für den EuGH in *D*. gerade die abkommensrechtlichen Regelungen, die bewirkten, dass sich die Situation von Gebietsfremden, die in verschiedenen Staaten ansässig sind, als in rechtlicher Sicht nicht vergleichbar erwies[73]: „Eine gleiche Behandlung eines in Deutschland ansässigen Steuerpflichtigen wie des Herrn D. und eines in Belgien ansässigen Steuerpflichtigen im Hinblick auf die Vermögensteuer in den Niederlanden setzt voraus, dass davon auszugehen ist, dass sich diese beiden Steuerpflichtigen in der gleichen Lage befinden. [...] Insoweit ist jedoch zu berücksichtigen, dass das belgisch-niederländische Abkommen zur Vermeidung einer doppelten Besteuerung derselben Einkommen und Vermögenswerte in den Niederlanden und in Belgien in Artikel 24 eine Aufteilung der Steuerhoheit zwischen diesen beiden Mitgliedstaaten vorsieht und in Artikel 25 Absatz 3 bestimmt, dass natürlichen Personen, die in einem dieser beiden Staaten ansässig sind, in dem anderen Staat die persönlichen Abzüge zugute kommen, die dieser Staat seinen eigenen Einwohnern gewährt. [...] Die Tatsache, dass diese gegenseitigen Rechte und Pflichten nur für Personen gelten, die in einem der beiden vertragschließenden Mitgliedstaaten wohnen, ist eine Konsequenz, die sich aus dem Wesen bilateraler Abkommen zur Vermeidung der Doppelbesteuerung ergibt. Daher befindet sich ein in Belgien ansässiger Steuerpflichtiger hinsichtlich der auf unbewegliches Vermögen in den Niederlanden erhobenen Vermögens-

---

[73] EuGH v 5.7.2005, C-376/03, *D*. Rn 59 – 61.

teuer nicht in der gleichen Lage wie ein außerhalb Belgiens ansässiger Steuerpflichtiger."

Der überwiegende Teil der Rechtsprechung des EuGH zu Grundfreiheiten und direkten Steuern ist von der manchmal explizit gemachten, gelegentlich aber bloß implizit beachteten Unterscheidung zwischen faktischer und rechtlicher Vergleichbarkeit der Situation geprägt. Eine Ausnahme stellt die bereits 1995 begründete und schon erwähnte *Schumacker*-Rechtsprechung dar, die im Bereich der für natürliche Personen geltenden Regelungen zwar nicht alleinige, aber doch große Bedeutung hat[74]. Der EuGH verzichtet bei natürlichen Personen auf die gesonderte Prüfung der rechtlichen Vergleichbarkeit, wenn es um Regelungen geht, die die persönlichen Verhältnisse oder den Familienstand betreffen. Pauschal – also ohne Berücksichtigung der konkreten nationalen Rechtslage – geht er davon aus, dass Gebietsansässige und Gebietsfremde nicht in vergleichbarer Situation sind. Daher müssen Regelungen für Gebietsfremde, die den persönlichen Verhältnissen oder dem Familienstand Rechnung tragen, nicht auch auf Gebietsansässige erstreckt werden. Wenn aber Gebietsfremde alle oder fast alle ihrer Einkünfte im anderen Mitgliedstaat beziehen, ist die Vergleichbarkeit von Gebietsfremden und Gebietsansässigen – und zwar wiederum ohne Beachtung der konkret anwendbaren nationalen Rechtslage – gegeben. Sie müssen dann in den Genuss von Begünstigungen kommen, die Gebietsansässigen gewährt werden, um ihre persönlichen Verhältnissen oder ihren Familienstand zu berücksichtigen. Der EuGH hatte sich zur Begründung dieser *Schumacker–Rechtsprechung* – zu Unrecht – auf das Recht der DBA berufen[75]. Die Grenzen

[74] EuGH v 14.2.1995, C-279/93, *Schumacker;* vgl zB EuGH v 11.8.1995, C-80/94, *Wielockx*; EuGH v 27.6.1996, C-107/94, *Asscher*; EuGH v 12.5.1998, C-336/96, *Gilly;* EuGH v 14.9.1999, C-391/97, *Gschind;* EuGH v 16.5.2000, C-87/99, *Zurstrassen*; EuGH v 12.6.2003, C-234/01, *Gerritse;* EuGH v 1.7.2004, C-169/03, *Wallentin;* EuGH v 5.7.2005, C-276/03, *D.;* vgl weiters auch GA *Léger,* Schlussantrag v 1.3.2005, C-152/03, *Ritter-Coulais* Rn 82.

[75] Kritisch dazu *Lang,* RIW 2005, 338 f; *Avery Jones,* Carry on Discriminating, ET 1996, 46 (49, FN 24).

dieser Rechtsprechung, die sich von der sonst erkennbaren grundfreiheitsrechtlichen Dogmatik völlig gelöst hat, zeigen sich gerade in letzter Zeit sehr deutlich, da der EuGH von den nationalen Gerichten der Mitgliedstaaten in zunehmendem Ausmaß angerufen wird, um ihren Anwendungsbereich zu bestimmen. Die vom EuGH geschaffenen Voraussetzungen werfen eine Reihe kaum zu bewältigender Auslegungsprobleme auf[76]: So ist der EuGH in *Wallentin* und in *D* zu widersprüchlichen Ergebnissen gekommen, nach welchen Maßstäben festzustellen ist, ob ein Steuerpflichtiger alle oder fast alle Einkünfte in einem Mitgliedsstaat bezieht und wie diese Regel auf Vermögen angewendet werden soll[77]. Die Schlussanträge von GA *Léger* in *Ritter-Coulais* stellen auch eindrucksvoll unter Beweis, wie schwierig es ist, „Gebietsfremde" und „Gebietsansässige" zu definieren, und festzustellen, welche Regelungen die persönlichen Verhältnisse und den Familienstand betreffen[78]. Das Urteil *Blanckaert* macht wiederum deutlich, dass die *Schumacker*-Rechtsprechung, die nur auf dem Gebiet des Steuerrechts gilt, es erforderlich macht, steuerrechtliche Regelungen von anderen Materien abzugrenzen[79]. Gerade im Verhältnis zum Sozialrecht verschwimmen die Grenzen, wenn man bloß daran denkt, dass steuerrechtliche Absetzbeträge nach zahlreichen Rechtsordnungen in sozialrechtliche Transferleistungen übergehen können[80]. Die Auslegungsprobleme der vom EuGH geprägten *Schumacker*-Formel machen bewusst, dass die Grenzlinie zwischen der *Schumacker*-Judikatur und der sonstigen Rechtsprechung des EuGH zu den Grundfreiheiten fließend ist,

---

[76] Siehe zB ausführlich *Lüdicke*, IStR 1996, 111; *Lüdicke*, in Schön (Hrsg) Gedächtnisschrift Knobbe-Keuk 651; *Avery-Jones*, ET 2000, 376; *Wattel*, ET 2000, 222; *Schnitger*, IStR 2002, 479; *Valat*, ET 2002, 448 f; *Cordewener*, Europäische Grundfreiheiten und nationales Steuerrecht, 497; *Mössner*, in Gassner/Lang/Lechner (Hrsg) Arbeitnehmer im Recht der Doppelbesteuerungsabkommen 27 ff; *Hahn*, IStR 2003, 66; *Mattson*, ET 2003, 193; *Lang*, RIW 2005, 336 ff; *derselbe*, IStR 2005, 289 ff; *derselbe*, SWI 2005, 365 (367).

[77] EuGH v 1.7.2004, C-169/03, *Wallentin* Rn 18; EuGH v 5.7.2005, C-376/03, *D*. Rn 41.

[78] Schlussantrag GA *Léger* v 1.3.2005, C-152/03, *Ritter-Coulais* Rn 33 ff.

[79] Schlussantrag GA *Stix-Hackl* v.12.5.2005, C-512/03, *Blanckaert*; EuGH v. 8.9.2005, C-512/03, *Blanckaert* Rn 31 ff.

[80] *Lang/Jettmar*, Steuerrecht und Sozial(versicherungs)recht - Anmerkungen zum Schlussantrag in der Rs. Blanckaert, IWB 2005, Gruppe 2, 695 (695 ff).

dass aber die Vorgangsweise, die anzuwenden ist, um Verstöße gegen die Grundfreiheiten zu identifizieren, bei beiden – voneinander kaum abgrenzbaren – Rechtsprechungslinien völlig unterschiedlich ist. Dieser Umstand gibt Anlass zur Hoffnung, dass mit jedem weiteren Fall, der auf Grundlage der *Schumacker*-Rechtsprechung entschieden wird, das Bewusstsein für die mit ihr verbundenen Probleme wächst.[81]

---

[81] Vgl zB EuGH v 27.6.1996, C-107/94, *Asscher* Rn 44; EuGH v 14.9.1999, C-391/97, *Gschwind* Rn 3; EuGH v 16.5.2000, C-87/99, *Zurstrassen* Rn 21; EuGH v 12.12.2002, C-385/00, *de Groot* Rn 98; EuGH v 12.6.2003, C-234/01, *Gerritse* Rn 51; EuGH v 1.7.2004, C-169/03, *Wallentin* Rn 17; EuGH v 5.7.2005, C-376/03, *D.* Rn 29; siehe dazu auch *Lang*, RIW 2005, 336 ff; *derselbe*, IStR 2005, 289 ff; *derselbe*, SWI 2005, 367.

IV. Die Rechtfertigungsgründe

1. Die Möglichkeit der Rechtfertigung

Die Grundfreiheiten nennen ausdrücklich Rechtfertigungsgründe: Nach Art 39 Abs 3 EG gewährt die Arbeitnehmerfreizügigkeit Rechte „vorbehaltlich der aus Gründen der öffentlichen Ordnung, Sicherheit und Gesundheit gerechtfertigten Beschränkungen". Nach Art 46 Abs 1 EG beeinträchtigen dieses „Kapitel und die auf Grund desselben getroffenen Maßnahmen [...] nicht die Anwendbarkeit der Rechts- und Verwaltungsvorschriften, die eine Sonderregelung für Ausländer vorsehen und aus Gründen der öffentlichen Ordnung, Sicherheit oder Gesundheit gerechtfertigt sind". Über Art 55 EG gelten diese Rechtfertigungsgründe auch für die Dienstleistungsfreiheit. Weiters berührt die in Art 56 verankerte Kapitalverkehrsfreiheit gemäß Art 58 Abs 1 lit b EG nicht das Recht der Mitgliedstaaten, „Maßnahmen zu ergreifen, die aus Gründen der öffentlichen Ordnung oder Sicherheit gerechtfertigt sind".

Während die Gründe der öffentlichen Ordnung, Sicherheit und Gesundheit in der Rechtsprechung des EuGH zu den direkten Steuern aus nahe liegenden Gründen keine Bedeutung als Rechtfertigungsgründe erlangt haben, spielen die „zwingenden Gründe des Allgemeininteresses" im Steuerrecht eine große Rolle. Es handelt sich dabei um ungeschriebene Rechtfertigungsgründe, die der EuGH zunächst bei den so genannten unterschiedslos anwendbaren Regelungen in Betracht gezogen hat[82]. Diese Fallkonstellationen lassen sich meines Erachtens als Gleichbehandlung unterschiedlicher Situationen deuten. Ist die Gleichbehand-

---

[82] Vgl zB EuGH v 31.3.1993, C-19/92, *Kraus* Rn 32; EuGH v 30.11.1995, C-55/94, *Gebhard* Rn 37; EuGH v 15.12.1995, C-415/93, *Bosman* Rn 104; EuGH v 15.3.1997, C-250/95, *Futura Participations* Rn 26.

lung unterschiedlicher Situationen rechtfertigungsbedürftig, ist es nur konsequent, bei der Ungleichbehandlung vergleichbarer Situationen ebenfalls ungeschriebene Rechtfertigungsgründe zuzulassen. Diesen Schritt ist der EuGH auch gegangen[83]. Parallelen dazu hat der EuGH auch in Fällen, in denen sich die Differenzierung unmittelbar auf Grund der Staatsangehörigkeit – und nicht etwa eines ähnlichen Kriteriums wie der Ansässigkeit – ergeben hat, ebenfalls ungeschriebene Rechtfertigungsgründe akzeptiert[84]. Auf dem Gebiet des Steuerrechts hat sich dies bereits in *Avoir Fiscal* abgezeichnet[85]: Die französische Regelung hatte bei juristischen Personen nach der Staatsangehörigkeit differenziert, was den EuGH nicht davon abgehalten hat, bereits in diesem Urteil die meisten jener Rechtfertigungsgründen zu entfalten, die seitdem die steuerliche Rechtsprechung geprägt haben.

2. Förderung wirtschaftspolitischer Zielsetzungen

Die in Betracht kommenden Rechtfertigungsgründe müssen entsprechend substantiiert sein. In *Verkooijen* hat der EuGH daher in Übereinstimmung mit seiner Rechtsprechung außerhalb des Steuerrechts allgemeine wirtschaftspolitische Zielsetzungen verworfen[86]: Die Regierung des Vereinigten Königreichs trug vor, „eine Rechtsvorschrift wie die im Ausgangsverfahren fragliche sei durch die Absicht gerechtfertigt, die Wirtschaft des Landes zu fördern, indem ein Anreiz

---

[83] Siehe zB. EuGH v 14.2.1995, C-279/93, *Schumacker* Rn 36; EuGH v 27.6.1996, C-107/94, *Asscher* Rn 42; EuGH v 11.8.1995, C-80/94, *Wielockx* Rn 20; EuGH v 14.9.1999, C-391/97, *Gschwind* Rn 27; EuGH 16.5.2000, C-89/99, *Zurstrassen* Rn 22 ff; EuGH v 12.6.2003, C-234/01, *Gerritse* Rn 27; EuGH v 1.7.2004, C-169/03, *Wallentin* Rn 17; EuGH v 5.7.2005, C-376/03, *D.* Rn 29.
[84] EuGH v 17.6.1981, C-113/80, *Kommission/Irland* Rn 7 – 10; EuGH v 9.7.1992, C-2/90, *Kommission/ Belgien* Rn 29 – 31; EuGH v 14.11.1995, C-484/93, *Svensson Gustavsson* Rn 12 ff; EuGH v 6.6.1996, C-101/94, *Kommission/Italien* Rn 29 – 32; Schlussantrag GA *Lenz* v 20.9.1995, C-415/93, *Bosman* Rn 135.
[85] EuGH v 28.1.1986, 270/83, *Avoir Fiscal* Rn 21 ff.
[86] EuGH v 6.6.2000, C-35/98, *Verkooijen* Rn 47.

für private Investitionen in Gesellschaften mit Sitz in den Niederlanden geschaffen werde. [...] Dem ist nicht zu folgen. Nach ständiger Rechtsprechung kann ein rein wirtschaftliches Ziel keinen zwingenden Grund des Allgemeininteresses darstellen, der eine Beschränkung einer durch den Vertrag gewährleisteten Grundfreiheit rechtfertigen könnte (Urteile vom 28. April 1998 in der Rechtssache C-120/95, Decker, Slg. 1998, I-1831, Randnr. 39, und Kohll, C-158/96, Slg. 1998, I-1931, Randnr. 41)."

Forschungspolitische Ziele könnten hingegen eine Differenzierung rechtfertigen: In *Laboratoires Fournier* hat die französische Regierung geltend gemacht, „dass die im Ausgangsverfahren streitige nationale Regelung durch das Ziel, die Forschung zu fördern, sowie durch das Erfordernis einer wirksamen steuerlichen Kontrolle gerechtfertigt sei."[87] Der EuGH hielt es nicht für ausgeschlossen, „dass die Förderung von Forschung und Entwicklung einen zwingenden Grund des Allgemeininteresses darstellt". Er konnte jedoch offen lassen, ob es sich tatsächlich um einen tauglichen Rechtfertigungsgrund handelt. Die Förderung von Forschung und Entwicklung kann nämlich „keine nationale Maßnahme wie die im Ausgangsverfahren streitige rechtfertigen, die eine Steuervergünstigung für Forschung allen Forschungstätigkeiten versagt, die nicht in dem betreffenden Mitgliedstaat durchgeführt werden. Eine solche Regelung steht nämlich in direktem Gegensatz zu den Zielen der Gemeinschaftspolitik im Bereich Forschung und technologische Entwicklung, die gemäß Artikel 163 Absatz 1 EG u. a. darin bestehen, die wissenschaftlichen und technologischen Grundlagen der Industrie der Gemeinschaft zu stärken und die Entwicklung ihrer internationalen Wettbewerbsfähigkeit zu fördern'. In Absatz 2 dieses Artikels heißt es u. a., dass die Gemeinschaft zu diesem Zweck ,[die] Zusammenarbeitsbestrebungen [der Unternehmen fördert], damit [diese] die Möglichkeiten des Binnenmarkts voll nut-

---

[87] EuGH v 10.3.2005, C-39/04, *Laboratoires Fournier* Rn 22.

zen können, und zwar insbesondere durch ... Beseitigung der dieser Zusammen-
arbeit entgegenstehenden rechtlichen und steuerlichen Hindernisse'."

3. Erfordernis wirksamer steuerliche Kontrolle

Das Erfordernis wirksamer steuerlicher Kontrolle hat der EuGH als Rechtfertigungsgrund außerhalb des Bereichs der direkten Steuern entwickelt[88] und seit
seinem Urteil *Bachmann* wiederholt auch im Bereich der direkten Steuern akzeptiert[89]. In *Futura Participations* hat der EuGH folgende Formulierung ge-
wählt[90]: „Ein Mitgliedstaat hat damit das Recht zur Anwendung von Maßnahmen, die die klare und eindeutige Feststellung der Höhe sowohl der in diesem
Staat steuerbaren Einkünfte wie eines Verlustvortrags erlauben." In *Baxter* und
in *Labaratoires Fournier* hat der EuGH entschieden, dass ein „Mitgliedstaat
[...] somit zur Anwendung von Maßnahmen befugt [ist], die die klare und eindeutige Feststellung der Höhe der in diesem Staat als Forschungsausgaben abziehbaren Beträge erlauben."[91]

Allerdings hat der EuGH den Rechtfertigungsgrund im konkreten Fall jeweils
mit ähnlicher Begründung verworfen, wie zB das Urteil *Futura Participations*
zeigt[92]: „Namentlich können die zuständigen Behörden eines Mitgliedstaats stets
gemäß der Richtlinie 77/799 die zuständigen Behörden eines anderen Mitgliedstaats um alle Auskünfte ersuchen, vermittels deren sie unter ihrem Recht die

---

[88] EuGH v 20.2.1979, C-120/78, *Rewe Zentral AG* Rn 8.
[89] EuGH v 28.1.1992, C-204/90, *Bachmann* Rn 18; auch EuGH v 15.5.1997, C-250/95, *Futura Participations* Rn 31; EuGH v 8.7.1999, C-254/97, *Baxter* Rn 18 f; EuGH v 4.3.2004, C-
334/02, *Fixed Levy* Rn 27, EuGH v 10.3.2005, C-39/04, *Laboratoires Fournier* Rn 24.
[90] EuGH v 15.5.1997, C-250/95, *Futura Participations* Rn 31.
[91] EuGH v 10.3.2005, C-39/04, *Laboratoires Fournier* Rn 24; EuGH v 8.7.1999, C-254/97,
Baxter Rn 18.
[92] EuGH v 15.5.1997, C-250/95, *Futura Participations* Rn 41.

Steuern vom Einkommen eines Steuerpflichtigen, der seinen Sitz in dem anderen Mitgliedstaat hat, zutreffend festsetzen können."

Interessant ist dabei allerdings, dass der EuGH gelegentlich nicht bloß die Anwendung der Richtlinie ins Treffen führt hat, sondern auch die Mitwirkungspflicht des Steuerpflichtigen betont[93]: „Im übrigen erlaubt zwar die Wirksamkeit der Steuerkontrollen einem Mitgliedstaat die Anwendung von Maßnahmen, die die klare und präzise Feststellung der Höhe der in diesem Staat als berufliche Aufwendungen abziehbaren Ausgaben, u. a. auch die für die Teilnahme an Fortbildungsveranstaltungen, ermöglichen (in diesem Sinne Urteile Futura Participations und Singer, Randnr. 31, und vom 8. Juli 1999 in der Rechtssache C-254/97, Baxter, noch nicht in der amtlichen Sammlung veröffentlicht, Randnr. 18); sie kann es jedoch nicht rechtfertigen, dass der Staat diesen Abzug von unterschiedlichen Voraussetzungen abhängig macht, je nachdem, ob die Fortbildungsveranstaltungen in dem betreffenden Mitgliedstaat oder in einem anderen Mitgliedstaat stattfinden. [...] Insoweit ist daran zu erinnern, dass nach der Richtlinie 77/799/EWG des Rates vom 19. Dezember 1977 über die gegenseitige Amtshilfe zwischen den zuständigen Behörden der Mitgliedstaaten im Bereich der direkten Steuern (ABl. L 336, S. 15) ein Mitgliedstaat die zuständigen Behörden eines anderen Mitgliedstaats um alle Auskünfte ersuchen kann, die er für die ordnungsgemäße Bemessung der Einkommensteuer benötigt. Die beteiligten Steuerbehörden hindert auch nichts daran, vom Steuerpflichtigen selbst alle Belege zu verlangen, die ihnen für die Beurteilung der Frage notwendig erscheinen, ob der verlangte Abzug gewährt werden kann (in diesem Sinne Urteile Bachmann, Randnrn. 18 und 20, und Kommission/Belgien, Randnrn. 11 und 13)."

---

[93] EuGH v 28.10.1999, C-55/98, *Bent Vestergaard* Rn 25 bis 26; siehe auch EuGH v 28.1.1992, C-204/90, *Bachmann* Rn 20; EuGH v 3.10.2002, C-136/00, *Danner* Rn 52; EuGH v 25.6.2003, C-422/01, *Skandia* Rn 43; EuGH v 10.3.2005, C-39/04, *Laboratoires Fournier* Rn 25.

Zuletzt hat sich der EuGH damit begnügt, ausschließlich die Beweislast des Steuerpflichtigen zu erwähnen[94]: „Eine nationale Regelung, die es den Steuerpflichtigen völlig unmöglich macht, den Nachweis zu erbringen, dass die Ausgaben für in anderen Mitgliedstaaten durchgeführte Forschungstätigkeiten tatsächlich getätigt worden sind, kann nicht mit der Wirksamkeit der steuerlichen Kontrolle gerechtfertigt werden. [...] Es lässt sich nämlich nicht von vornherein ausschließen, dass der Abgabenpflichtige Belege vorlegen kann, anhand deren die Steuerbehörden des Mitgliedstaats eindeutig und genau prüfen können, welche Forschungsausgaben in anderen Mitgliedstaaten tatsächlich getätigt worden sind." Dieselbe Tendenz findet sich in *Marks & Spencers*[95]: „Sofern die gebietsansässige Muttergesellschaft gegenüber den Steuerbehörden nachweist, dass diese Voraussetzungen erfüllt sind, verstößt es gegen die Artikel 43 EG und 48 EG, wenn es ihr verwehrt wird, von ihrem steuerpflichtigen Gewinn die Verluste ihrer gebietsfremden Tochtergesellschaft abzuziehen."

4. Vorteilsausgleich

Zu den vom EuGH von Anfang an verworfenen Rechtfertigungsgründen gehört auch jener des Vorteilsausgleichs. Bereits in *Avoir Fiscal* hat der Gerichtshof ausgeführt[96]: „Entgegen der These der französischen Regierung kann die unterschiedliche Behandlung auch nicht durch mögliche Vorteile gerechtfertigt sein, die die Zweigniederlassungen und Agenturen im Verhältnis zu den Gesellschaften genießen und die nach Ansicht der französischen Regierung die aus der Verweigerung des Steuerguthabens entstehenden Nachteile ausgleichen. Selbst wenn man unterstellt, dass solche Vorteile bestehen, können sie keinen Verstoß gegen die Verpflichtung aus Artikel 52 EWG-Vertrag, die Inländerbehandlung

---

[94] EuGH v 10.3.2005, C-39/04, *Laboratoires Fournier* Rn 24 bis 25.
[95] EuGH v 13.12.2005, C-446/03, *Marks and Spencer* Rn 56.
[96] EuGH v 28.1.1986, 270/83, *Avoir Fiscal* Rn 21.

hinsichtlich des Steuerguthabens zu gewähren, rechtfertigen. In diesem Zusammenhang ist es auch nicht notwendig, die Bedeutung der Nachteile abzuschätzen, die den Zweigniederlassungen und Agenturen ausländischer Versicherungsgesellschaften durch die Verweigerung des Steuerguthabens entstehen, und zu untersuchen, ob sich diese Nachteile auf die von ihnen angewandten Tarife auswirken können, denn Artikel 52 verbietet jede Diskriminierung, auch von nur geringem Umfang."

In *Verkooijen* konnte der EuGH bereits auf seine ständige Judikatur verweisen[97]: „Was schließlich das Argument eines etwaigen Steuervorteils betrifft, der Steuerpflichtigen zugute komme, die in den Niederlanden Dividenden von in einem anderen Mitgliedstaat ansässigen Gesellschaften erhielten, so genügt der Hinweis, dass nach ständiger Rechtsprechung eine steuerliche Benachteiligung, die gegen eine Grundfreiheit verstößt, nicht durch das etwaige Bestehen anderweitiger Steuervorteile gerechtfertigt werden kann (vgl. in diesem Sinne zu Artikel 52 EG-Vertrag Urteile vom 28. Januar 1986 in der Rechtssache 270/83, Kommission/Frankreich, Slg. 1986, 273, Randnr. 21; vom 27. Juni 1996 in der Rechtssache C-107/94, Asscher, Slg. 1996, I-3089, Randnr. 53, und vom 21. September 1999 in der Rechtssache C-307/97, Saint-Gobain ZN, Slg. 1999, I-6161, Randnr. 54; vgl. Artikel 59 EG-Vertrag [nach Änderung jetzt Artikel 49 EG], Urteil vom 26. Oktober 1999 in der Rechtssache C-294/97, Eurowings Luftverkehrs, Slg. 1999, I-7447, Randnr. 44)."

Hinter dieser Rechtsprechung steht die Überlegung, dass der EuGH die einzelnen Regelungen mehr oder weniger isoliert prüft und nicht bereit ist, andere Regelungen in beliebiger Weise in seine Prüfung einzubeziehen. Wann immer der EuGH davon spricht, dass Nachteile nicht durch andere Vorteile kompensiert

---

[97] EuGH v 6.6.2000, C-35/98, *Verkooijen* Rn 61.

werden können, bringt er dadurch zum Ausdruck, dass die Regelungen über Vor- und Nachteile nicht in einem hinreichend engen Zusammenhang stehen, sodass er sich nicht in der Lage sieht, die den Vorteil gewährende Regelung bei den Vorschriften mit zu berücksichtigen, anhand derer er prüft, ob die rechtliche Situation vergleichbar ist. Die Frage des Vorteilsausgleichs spielt daher unmittelbar in die Vergleichbarkeitsprüfung hinein.

5. Kohärenz

In einem Spannungsverhältnis zum Vorteilsausgleich steht der Rechtfertigungsgrund der Kohärenz. Die Kohärenz war über viele Jahre der einzige Rechtfertigungsgrund, der in der Rechtsprechung des EuGH dazu führte, dass eine auf dem Gebiet der direkten Steuern angegriffene Regelung als gemeinschaftsrechtskonform betrachtet wurde. Der EuGH hat diesen Rechtfertigungsgrund erstmals in *Bachmann* ins Spiel gebracht, als er entschied, dass „die Kohärenz des Steuerrechts auf dem Gebiet der Alters- und Todesfallversicherungen gewährleistet werden müsse"[98]. Der EuGH brachte damit die Regelungen, die die Steuerpflicht für Versicherungsleistungen vorsahen, in Zusammenhang mit den Regelungen über die Abzugsfähigkeit.

Kohärenz und Vorteilsausgleich sind damit unterschiedliche Seiten derselben Medaille: Wenn der EuGH Kohärenz annimmt, betrachtet er bestimmte Regelungen als miteinander in so engem Zusammenhang stehend, dass sie auch bei der Vergleichbarkeitsprüfung einbezogen werden können. Spricht er hingegen davon, dass – bloß – Vorteile den Nachteilen gegenüberstehen, bringt er dadurch bereits zum Ausdruck, dass die Regelungen keineswegs in so engem Zusam-

---

[98] EuGH v 28.1.1992, C-204/90, *Bachmann* Rn 28.

menhang stehen, sodass sie bei der Vergleichbarkeitsprüfung unberücksichtigt bleiben.

Vor diesem Hintergrund ist es auch ein wenig übertrieben, davon auszugehen, dass der EuGH mit seinem Urteil *Bachmann* „für das gesamte Spannungsfeld zwischen den primärrechtlichen Grundfreiheiten und den mitgliedstaatlichen Steuerrechtssystemen ein neues Kapitel" aufgeschlagen hat[99]. Vielmehr hat der EuGH in *Bachmann* bloß einen Aspekt der Beurteilung der Vergleichbarkeit der rechtlichen Situation auf die Rechtfertigungsebene verlagert und letztlich im Ergebnis die rechtliche Situation von Inlands- und Auslandssachverhalten als unterschiedlich betrachtet. In *Avoir Fiscal* hat er die maßgebenden Rechtsvorschriften hingegen bereits zur Gänze bei der Vergleichbarkeitsprüfung identifiziert, indem er darauf hingewiesen hat, dass der französische Gesetzgeber dadurch, „dass er die beiden Niederlassungsformen im Rahmen der Besteuerung der von ihnen erzielten Gewinne gleichbehandelt, anerkannt [hat], dass zwischen beiden Formen in Bezug auf die Modalitäten und Voraussetzungen dieser Besteuerung kein Unterschied in der objektiven Situation besteht, der eine unterschiedliche Behandlung rechtfertigen könnte."[100]

Ebenso relativiert sich der – an sich zurecht – aufgezeigte Gegensatz zwischen den EuGH-Urteilen *Bachmann* und *Wielockx*. In *Wielockx* hat der EuGH das Vorliegen von Kohärenz verneint, und zwar mit folgender Argumentation[101]: „Zur Rechtfertigung der steuerlichen Benachteiligung, die die gebietsfremden Steuerpflichtigen im vorliegenden Fall erleiden, beruft sich die niederländische Regierung auf den im Urteil vom 28. Januar 1992 in der Rechtssache C-204/90 (Bachmann, Slg. 1992, I-249) erwähnten Grundsatz der steuerlichen Kohärenz,

---

[99] So *Cordewener*, Europäische Grundfreiheiten und nationales Steuerrecht, 441.
[100] EuGH v 28.1.1986, 270/83, *Avoir Fiscal* Rn 20.
[101] EuGH v 11.8.1995, C-80/94, *Wielockx* Rn 23 - 24.

nach dem eine Wechselbeziehung zwischen den von der steuerlichen Bemessungsgrundlage abgezogenen Beträgen und den steuerpflichtigen Beträgen bestehe. Wenn ein Gebietsfremder in den Niederlanden eine Altersrücklage bildet und somit einen Anspruch auf eine Rente erwerben könnte, dann könnte auf diese Rente in den Niederlanden keine Steuer erhoben werden, da ein solches Einkommen aufgrund des erwähnten bilateralen Doppelbesteuerungsabkommens zwischen dem Königreich Belgien und dem Königreich der Niederlande im Wohnsitzstaat besteuert werde. [...] Wie der Generalanwalt in Nummer 54 seiner Schlussanträge ausgeführt hat, besteuert der Staat aufgrund der Doppelbesteuerungsabkommen, die, wie das oben erwähnte Abkommen, nach dem Modell des OECD-Musterabkommens gestaltet sind, alle Renten, die in seinem Gebiet ansässige Personen beziehen, unabhängig davon, in welchem Staat die Beiträge gezahlt wurden, er verzichtet aber umgekehrt darauf, die im Ausland bezogenen Renten der Besteuerung zu unterwerfen, auch wenn sie auf Beiträgen beruhen, die in seinem Gebiet gezahlt wurden und die er als abzugsfähig angesehen hat. Die steuerliche Kohärenz wird also nicht auf der Ebene der Einzelperson, durch eine strenge Wechselbeziehung zwischen der Abzugsfähigkeit der Beiträge und der Besteuerung der Renten, hergestellt, sondern sie wird auf eine andere Ebene, nämlich die der Gegenseitigkeit der in den Vertragsstaaten anwendbaren Vorschriften verlagert. [...] Da die steuerliche Kohärenz auf der Grundlage eines mit einem anderen Mitgliedstaat geschlossenen bilateralen Abkommens gewährleistet wird, kann dieser Grundsatz nicht herangezogen werden, um die Verweigerung einer Abzugsmöglichkeit, wie sie hier in Rede steht, zu rechtfertigen." Mit anderen Worten gesagt, hat der EuGH die Regelungen über die Steuerpflicht der Renten in stärkerem Zusammenhang mit den für Renten maßgebenden DBA-Regelungen als mit den die Abzugsfähigkeit der Altersrücklage begründenden Regelungen gesehen. Folglich wurden die Vorschriften über die Steuerpflicht der Pensionen bei der Beurteilung der rechtlichen Vergleichbarkeit ausgeblendet. Der Zusammenhang der Regelungen über die Steuerpflicht der Pensionen mit den DBA-Vorschriften hat deren Zusammenhang mit der Abzugsfähigkeit überlagert[102].

Wenn der EuGH in der Folge die Kohärenz von Regelungen nicht mehr bestätigt hat, ist das nicht unbedingt überraschend: Ob Kohärenz vorliegt, kann ja immer nur von den Regelungen abhängen, deren Kohärenz behauptet wurde. Da der EuGH zum einen bereits auf Vergleichbarkeitsebene prüft, welche Regelungen zur Beurteilung der Gleichartigkeit in rechtlicher Hinsicht herangezogen werden, und zum anderen dazu neigt, den Kreis der in diese Prüfung einzubeziehenden Regelungen eng zu halten, ist es nicht verwunderlich, dass auf Rechtfertigungsebene nur selten weitere Regelungen entdeckt werden, die als miteinander in engem Zusammenhang stehend gesehen werden.

Die Auseinandersetzung mit dem Argument der Kohärenz verlangt die Offenlegung, aus welchen Gründen bestimmte Regelungen in engem Zusammenhang stehen oder warum dies nicht der Fall ist. Der EuGH hat sich dieser Auseinandersetzung häufig dadurch entzogen, indem er – losgelöst von der jeweiligen Regelung – die Position vertreten hat, dass ein unmittelbarer Zusammenhang nur im Rahmen ein und derselben Steuerart und bei ein und demselben Steuerpflichtigen vorliegen könne[103]. Dadurch hat er sich den Vorwurf eingehandelt, seine Rechtsprechung geändert zu haben, als er – etwa in *Manninen* oder *Schempp* – den Kreis der zusammenhängenden Vorschriften weiter gefasst

---

[102] Vgl zB EuGH v 11.8.1995, C-80/94, *Wielockx* Rn 23 f; siehe dazu auch *Thömmes,* Das EuGH-Urteil in der Rechtssache *Wielockx* – Abschied vom Rechtfertigungsgrund der „steuerlichen Kohärenz"? IWB 1996, Fach 11 Gruppe 2, 221 – 228; *Cordewener,* Europäische Grundfreiheiten und nationales Steuerrecht, 206 ff; *Cordewener/Dahlberg/Pistone/Reimer/Romano,* The tax treatment of foreign losses: *Ritter, M & S* and the way ahead (Part two), ET 2004, 218 (221); *Vanistendael,* Cohesion: the phoenix rises from his ashes, EC Tax Review 2005, 208 (211 f).

[103] EuGH v 26.10.1999, C-294/97 *Eurowings* Rn 42; EuGH v 13.4.2000, C-251/98, *Baars* Rn 40; EuGH v 6.6.2000, C-35/98, *Verkooijen* 58.

hat[104]. Dass die benachteiligende Regelung in einzelnen Fällen auch mit Vorschriften in engem Zusammenhang stehen können, die andere Steuerpflichtige oder andere Steuerarten betreffen, ist jedoch nicht überraschend. In *Keller Holding GmbH* hat der EuGH nun auch den unmittelbaren Zusammenhang mit Regelungen, die für die Enkelgesellschaft maßgebend sind, nicht mehr kategorisch ausgeschlossen, sondern deshalb, weil im konkreten Fall „die in Rede stehende Regelung ... keine Verbindung zwischen der Abzugsfähigkeit von Finanzierungsaufwendungen der Muttergesellschaft für ihre Beteiligungen und des bei der mittelbaren Tochtergesellschaft zu besteuernden Gewinn" herstellt[105].

Ob und welche Vorschriften im Zusammenhang stehen und folglich Kohärenz vermitteln, kann nur angesichts von Ziel und Zweck der Regelungen beurteilt werden. Bestimmte Vorschriften stehen daher nicht in jedem Fall oder in keinem Fall in hinreichend engem Zusammenhang, sondern dies hängt vom Telos der Norm ab. Dies zeigt aber auch, dass die Kohärenz kein eigenständiger Rechtfertigungsgrund ist. Vielmehr ist zu beurteilen, welche Zielsetzung hinter einer bestimmten Regelung steht und ob es sich um eine Zielsetzung handelt, die als Rechtfertigung in Betracht kommt und die es erforderlich macht, den Auslandssachverhalt nachteiliger zu behandeln.

In *Manninen* hat der EuGH die Zielsetzung der Regelung wie folgt beschrieben[106]: „Die finnische Steuerregelung soll eine Doppelbesteuerung der Gewinne der Gesellschaften dadurch verhindern, dass dem Aktionär, der Dividenden bezieht, eine Steuergutschrift im Zusammenhang mit der Berücksichtigung der von der Dividenden ausschüttenden Gesellschaft geschuldeten Körperschaftsteuer gewährt wird." Dies lässt es nach Auffassung des EuGH zu, die ausländische

---

[104] EuGH v 7.9.2004, C-319/02, *Manninen* Rn 49 ff; EuGH v 12.7.2005, C-403/03, *Schempp* Rn 45 f.
[105] EuGH v 23.2.2006, C-471/04, *Keller Holding GmbH* Rn 43.
[106] EuGH v 7.9.2004, C-319/02, *Manninen* Rn 33.

Körperschaftsteuer auf die Einkommensteuer des inländischen Gesellschafters anzurechnen, und dabei in Kauf zu nehmen, dass bei entsprechend niedrigerer ausländischer Körperschaftsteuer die Einkommensteuerbelastung des inländischen Gesellschafters höher ist als bei Gesellschaftern inländischer Kapitalgesellschaften.

In *X und Y* bestand die – vom EuGH an sich als Rechtfertigungsgrund akzeptierte - Zielsetzung des Gesetzgebers darin[107], „dass die Besteuerungsgrundlage wegen des endgültigen Wegzugs des Steuerpflichtigen in das Ausland später wegfallen kann." Die Zulässigkeit der gesetzgeberischen Maßnahme scheiterte nicht an der Rechtfertigung, sondern an der Verhältnismäßigkeit, da „die Kohärenz der Steuerregelung durch weniger einschneidende oder die Niederlassungsfreiheit weniger beeinträchtigende Maßnahmen erreicht werden [kann], die sich speziell auf das Risiko eines endgültigen Wegzugs des Steuerpflichtigen beziehen und alle Typen der Aktienübertragung erfassen, die das gleiche objektive Risiko mit sich bringen."

In *Lasteyrie du Saillant* hat der EuGH darauf hingewiesen, „dass eine Maßnahme, die geeignet ist, die in Artikel 52 EG-Vertrag verankerte Niederlassungsfreiheit zu beschränken, nur zulässig sein kann, wenn mit ihr ein berechtigtes und mit dem EG-Vertrag zu vereinbarendes Ziel verfolgt wird und sie durch zwingende Gründe des Allgemeininteresses gerechtfertigt ist."[108] Die Kohärenz – verstanden als Regelungen, die auf Grund einer vom Gesetzgeber verfolgten Zielsetzung in hinreichend engem Zusammenhang stehen – kommt als zwingender Grund des Allgemeininteresses in Betracht. Nicht jedes Ziel, das durch „zwingende Gründe des Allgemeininteresses gerechtfertigt ist", ist aber dazu

---

[107] EuGH v 21.11.2002, C-436/00, *X und Y* Rn 58 und 59.
[108] EuGH v 11.3.2004, C-9/02, *de Lasteyrie du Saillant* Rn 49.

geeignet, die Zulässigkeit einer Maßnahme zu erweisen: Das Ziel muss sowohl „berechtigt" als auch „mit dem EG-Vertrag vereinbar" sein.

6. Territorialität

Mit dem Territorialitätsprinzip hat der EuGH in *Futura Participations* einen weiteren Rechtfertigungsgrund akzeptiert[109]. Der EuGH hat die maßgebenden Faktoren, die es zulassen, dass bei Gebietsfremden der Verlustvortrag in wirtschaftlichem Zusammenhang mit Einkünften stehen kann, die im Mitgliedstaat der Besteuerung erzielt wurden, so dass nur Verluste vorgetragen werden können, die sich aus der Tätigkeit des Steuerausländers im Gebiet dieses Staates ergeben, wie folgt beschrieben[110]: „Nach dem Einkommensteuergesetz sind Steuerinländer mit ihrem gesamten Einkommen steuerpflichtig, ohne dass die Bemessungsgrundlage auf die luxemburgischen Tätigkeiten beschränkt wäre. Auch wenn es Befreiungen gibt, kraft deren ein Teil oder in bestimmten Fällen auch sämtliche außerhalb Luxemburgs erzielten Einkünfte der luxemburgischen Steuer nicht unterliegen, umfasst die Bemessungsgrundlage dieser Steuerpflichtigen somit zumindest die Gewinne und Verluste aus ihrer luxemburgischen Tätigkeit. [...] Für die Berechnung der Bemessungsgrundlage der Steuer von Steuerausländern werden hingegen bei der Festsetzung der luxemburgischen Steuer nur die Gewinne und Verluste berücksichtigt, die aus ihren luxemburgischen Tätigkeiten stammen. [...] Diese Regelung, die dem steuerlichen Territorialitätsprinzip entspricht, enthält weder eine offene noch eine verdeckte Diskriminierung, wie sie der EG-Vertrag verbietet."

---

[109] EuGH v 15.5.1997, C-250/95, *Futura Participations*.
[110] EuGH v 15.5.1997, C-250/95, *Futura Participations* Rn 20 - 22.

Es verwundert nicht, dass das Territorialitätsprinzip seitens der Mitgliedstaaten wiederholt ins Treffen geführt wurde, um darzulegen, dass weder eine offene noch eine verdeckte Diskriminierung vorliegt: In *Laboratoires Fournier*, in der Aufwendungen auf Grund von im Ausland ausgeübter Forschungstätigkeit nicht begünstigt war, machte die französische Regierung geltend, „dass diese Ungleichbehandlung sich unmittelbar aus dem steuerlichen Territorialitätsprinzip ergebe, das der Gerichtshof im Urteil vom 15. Mai 1997 in der Rechtssache C-250/95 (Futura Participations und Singer, Slg. 1997, I-2471, Randnr. 22) ausdrücklich anerkannt habe, und dass sie daher weder eine offene noch eine versteckte Diskriminierung enthalten könne, wie sie der EG-Vertrag verbiete."[111]

Der EuGH bemühte sich, den Unterschied zu *Futura Participations* folgendermaßen herauszuarbeiten[112]: „In der Rechtssache, die zu dem eben genannten Urteil geführt hat, hat der Gerichtshof jedoch die Vereinbarkeit von nationalen Steuerbestimmungen mit den Vertragsbestimmungen über die Niederlassungsfreiheit geprüft, die sowohl auf im Inland als auch im Ausland ansässige Unternehmen anwendbar waren, während es in dem der vorliegenden Rechtssache zugrunde liegenden Rechtsstreit um die Vereinbarkeit von nationalen Steuerbestimmungen mit dem Vertrag geht, die in einem Mitgliedstaat niedergelassenen Unternehmen einen Vorteil bezüglich solcher Dienstleistungen einräumen, die in eben diesem Mitgliedstaat für diese Unternehmen erbracht wurden. Derartige Vorschriften verstoßen gegen Artikel 49 EG, da sie, wenn auch mittelbar, auf den Sitz des Erbringers der Dienstleistungen abstellen und daher dessen grenzüberschreitende Tätigkeiten behindern können." Die Argumentation des EuGH ist nicht leicht zu verstehen, da die in *Futura Participations* angegriffene und unter Berufung auf das Territorialitätsprinzip verteidigte Regelung, die den wirtschaftlichen Zusammenhang des Verlustes mit inländischen Einkünften verlang-

---

[111] EuGH v 10.3.2005, C-39/04, *Laboratoires Fournier* Rn 17.
[112] EuGH v 10.3.2005, C-39/04, *Laboratoires Fournier* Rn 18.

te, nur für Gebietsfremde galt. Sowohl in *Futura Participations* als auch in *Laboratoires Fournier* ging es um die Benachteiligung Gebietsfremder.

In *Bosal* spielte das Argument ebenfalls eine Rolle[113]: „Die niederländische Regierung hat sich ferner auf das Territorialitätsprinzip, wie es vom Gerichtshof in seinem Urteil vom 15. Mai 1997 in der Rechtssache C-250/95 (Futura Participations und Singer, Slg. 1997, I-2471, Randnr. 22) anerkannt wurde, berufen, um die unterschiedliche steuerliche Behandlung nach dem Gesetz von 1969 zu rechtfertigen. Die mit den im Ausland ausgeübten Tätigkeiten zusammenhängenden Kosten einschließlich der Finanzierungs- oder Beteiligungskosten müssten nämlich auf die durch diese Tätigkeiten erzielten Gewinne angerechnet werden, und die Beschränkung des Abzugs dieser Kosten sei allein davon abhängig, ob Gewinne außerhalb der Niederlande erzielt worden seien. Somit liege keine Diskriminierung vor, da die Tochtergesellschaften, die in den Niederlanden steuerpflichtige Gewinne erzielten, und diejenigen, die dies nicht täten, sich nicht in einer vergleichbaren Situation befänden. [...] Insoweit ist festzustellen, dass die Anwendung des Territorialitätsprinzips im Urteil Futura Participations und Singer sich auf die Besteuerung eines einzelnen Steuerpflichtigen bezog, der Tätigkeiten in dem Mitgliedstaat, in dem er seine Hauptniederlassung hatte, sowie - über Zweitniederlassungen - in anderen Mitgliedstaaten ausübte." Ob dieses Argument tatsächlich überzeugend ist, mag dahingestellt sein: Auch in Bosal bezog sich das Territorialitätsprinzip letztlich auf einen Steuerpflichtigen, der unterschiedlich behandelt wurde, je nachdem ob er in- oder ausländische Einkünfte bezog.

---

[113] EuGH v 18.9.2003, C-168/01, *Bosal* Rn 37.

Der EuGH war daher gut beraten, in *Manninen* eine andere Argumentation zu verwenden, um den Unterschied zu *Futura Participations* herauszuarbeiten[114]:

„Ferner kann die finnische Steuerregelung im Unterschied zu der Regelung, um die es in der mit dem Urteil Futura Participations und Singer abgeschlossenen Rechtssache ging, nicht als Ausprägung des Territorialitätsprinzips betrachtet werden. Denn wie die Generalanwältin zu Recht in Nummer 42 ihrer Schlussanträge ausführt, steht dieser Grundsatz der Gewährung einer Steuergutschrift an eine in Finnland unbeschränkt steuerpflichtige Person für von in anderen Mitgliedstaaten ansässigen Gesellschaften ausgeschüttete Dividenden nicht entgegen (vgl. Urteil Futura Participations und Singer, Randnrn. 18 bis 22)." Offenbar genügte dem EuGH, dass es in *Manninen* um die unterschiedliche Behandlung von Gebietsansässigen ging, je nachdem, ob sie an einer inländischen oder an einer ausländischen Gesellschaft beteiligt waren.

In *Marks & Spencer* verwarf der EuGH offenbar das Territorialitätsprinzip, das er allerdings zunächst insoweit mit höheren Weihen ausstattete, als er es als im internationalen Steuerrecht als geltend bezeichnete[115], aus denselben Gründen: „Das Vereinigte Königreich und die anderen Mitgliedstaaten, die im vorliegenden Verfahren Erklärungen eingereicht haben, machen geltend, dass sich die gebietsansässigen und die gebietsfremden Tochtergesellschaften hinsichtlich einer Konzernabzugsregelung wie der hier streitigen nicht in der gleichen steuerrechtlichen Lage befänden. Nach dem im Völkerrecht wie im Gemeinschaftsrecht geltenden Territorialitätsprinzip fehle dem Mitgliedstaat des Sitzes der Muttergesellschaft die Steuerhoheit gegenüber gebietsfremden Tochtergesellschaften. Diese stehe nach der auf diesem Gebiet üblichen Aufteilung grundsätzlich den Staaten zu, in deren Gebiet die Tochtergesellschaften ansässig und wirtschaftlich tätig seien. [...] Hierzu ist festzustellen, dass im Steuerrecht der Sitz

---

[114] EuGH v 7.9.2004, C-319/02, *Manninen* Rn 38.
[115] EuGH v 13.12.2005, C-446/03, *Marks and Spencer* Rn 36 ff; kritisch *Lang*, ET 2006, 54.

des Steuerpflichtigen ein Kriterium sein kann, das nationale Regelungen, die zu einer Ungleichbehandlung von gebietsansässigen und gebietsfremden Steuerpflichtigen führen, rechtfertigen kann. Jedoch ist der Sitz nicht immer ein gerechtfertigtes Unterscheidungskriterium. Könnte nämlich der Mitgliedstaat der Niederlassung nach seinem Belieben eine Ungleichbehandlung allein deshalb vornehmen, weil sich der Sitz einer Gesellschaft in einem anderen Mitgliedstaat befindet, so würde diese Vorschrift ihres Sinnes entleert (vgl. Urteil vom 28. Januar 1986 in der Rechtssache 270/83, Kommission/Frankreich, Slg. 1986, 273, Randnr. 18). [...] In jedem Einzelfall ist zu prüfen, ob die Beschränkung der Anwendung einer Steuervergünstigung auf gebietsansässige Steuerpflichtige durch objektive, relevante Kriterien gestützt ist, die geeignet sind, die Ungleichbehandlung zu rechtfertigen. [...] In einer Situation wie der des Ausgangsrechtsstreits steht es zwar mit dem – im internationalen Steuerrecht geltenden und vom Gemeinschaftsrecht anerkannten – Territorialitätsprinzip im Einklang, wenn der Mitgliedstaat des Sitzes der Muttergesellschaft die gebietsansässigen Gesellschaften für ihren weltweit erwirtschafteten Gewinn und die gebietsfremden Gesellschaften ausschließlich für den Gewinn aus ihrer inländischen Tätigkeit besteuert (vgl. insbesondere das Urteil Futura Participations und Singer, Randnr. 22). [...] Der Umstand allein, dass dieser Mitgliedstaat den Gewinn gebietsfremder Tochtergesellschaften einer in seinem Gebiet ansässigen Muttergesellschaft nicht besteuert, rechtfertigt jedoch noch keine Beschränkung des Konzernabzugs auf Verluste der gebietsansässigen Tochtergesellschaften."

In *Keller Holding GmbH* wurden in- und ausländische Einkünfte steuerlich entlastet[116]. Aus diesem Grund hat der EuGH die Versagung des Abzugs von Aufwendungen bloß im Zusammenhang mit Auslandsbeteiligungen nicht akzeptiert

---

[116] EuGH v 23.2.2006, C-471/04, *Keller Holding GmbH* Rn 31 f.

und den ins Treffen geführte Grundsatz der Territorialität verworfen[117]: „Die genannte Regelung kann nämlich nicht als die Durchführung dieses Grundsatzes angesehen werden, da sie die Abzugsfähigkeit der Finanzierungsaufwendungen einer in Deutschland unbeschränkt steuerpflichtigen Muttergesellschaft, die Dividenden von einer in Österreich ansässigen mittelbaren Tochtergesellschaft vereinnahmt, wegen der Steuerfreistellung der Dividenden in Deutschland ausschließt, obwohl die Dividenden, die an die gleiche Muttergesellschaft von einer in Deutschland ansässigen und unbeschränkt steuerpflichtigen mittelbaren Tochtergesellschaft ausgeschüttet werden, durch das Verfahren der Anrechnung der von der ausschüttenden Gesellschaft entrichteten Steuer faktisch ebenfalls in den Genuss dieser steuerlichen Entlastung kommen."

In *ICI* wurde das Territorialitätsprinzip nicht ausdrücklich ins Treffen geführt. Im Kern ging es aber um ähnliche Argumente, mit denen sich der EuGH wie folgt auseinander gesetzt hat[118]: „Was das Argument angeht, die sich aus dem Abzug der Verluste der gebietsansässigen Tochtergesellschaften ergebende Steuerermäßigung könne nicht durch die Besteuerung der Gewinne der außerhalb des Vereinigten Königreichs ansässigen Tochtergesellschaften ausgeglichen werden, so ist darauf hinzuweisen, dass die daraus resultierenden Steuermindereinnahmen nicht zu den in Artikel 56 des Vertrages genannten Gründen gehören und daher nicht als zwingender Grund des Allgemeininteresses anzusehen sind, der zur Rechtfertigung einer mit Artikel 52 des Vertrages grundsätzlich unvereinbaren Ungleichbehandlung angeführt werden kann." Das Vorbringen der britischen Behörde, die die fehlende Möglichkeit der Besteuerung ausländischer Tochtergesellschaften mit der Sorge um Mindereinnahmen verband, hat es dem EuGH offenbar erleichtert, sich nicht mit dem Kern der Argumentation auseinander setzen zu müssen.

---

[117] EuGH v 23.2.2006, C-471/04, *Keller Holding GmbH* Rn 44.
[118] EuGH v 16.7.1998, C-264/96, *ICI* Rn 28.

Ähnlich einfach machte es die deutsche Bundesregierung dem EuGH in *Saint-Gobain*, wo es – unter anderem – ebenfalls um die fehlende Möglichkeit der Besteuerung von ausländischen Gesellschaften ging:[119] „Die deutsche Regierung trägt weiter vor, die Entscheidung, ausländischen Gesellschaften, die in Deutschland eine Betriebsstätte unterhielten, bestimmte, den inländischen Gesellschaften gewährte Steuervergünstigungen nicht zu gewähren, sei dadurch gerechtfertigt, dass eine Minderung der Einnahmen vermieden werden müsse, die sonst einträte, weil der deutsche Fiskus den sich aus der Gewährung der genannten Steuererleichterungen ergebenden Steuerausfall nicht durch die Besteuerung der Dividenden ausgleichen könne, die von ausländischen Kapitalgesellschaften mit einer Betriebsstätte in Deutschland ausgeschüttet würden. Während der Einnahmeausfall, der in einem Mitgliedstaat aufgrund der Gewährung der betreffenden Steuervergünstigungen entstehe, teilweise durch die Besteuerung der Dividenden bei ihrer Ausschüttung durch die Muttergesellschaft ausgeglichen werde (Kapitalertragsteuer, Aktionärsteuer), komme der Staat, der diese Steuervergünstigungen einer Betriebsstätte einer ausländischen Kapitalgesellschaft gewähre, nicht in den Genuss dieses Ausgleichs, da er an der Besteuerung der Erträge der Muttergesellschaft nicht beteiligt sei. […] Die Vermeidung von Mindereinnahmen wegen nicht teilweise ausgleichbarer Steuerausfälle, die entstünden, wenn ausländischen Gesellschaften mit einer Betriebsstätte in Deutschland die einzelnen in Rede stehenden Steuervergünstigungen gewährt würden, findet sich nicht unter den in Artikel 56 EG-Vertrag (nach Änderung jetzt Artikel 46 EG) aufgeführten Gründen und kann nicht als zwingender Grund des Allgemeininteresses angesehen werden, der eine mit Artikel 52 EG-Vertrag grundsätzlich unvereinbare Ungleichbehandlung rechtfertigen könnte (vgl. in diesem Sinne Urteil ICI, Randnr. 28)."

---

[119] EuGH v 21.9.1999, C-307/97, *Saint-Gobain* Rn 49 - 50.

Im Schrifttum wird das Territorialitätsprinzip häufig mit Symmetrieüberlegungen erklärt[120]: Da Luxemburg in *Futura Participations* Gebietsfremde nur mit inländischen Einkünften besteuerte[121], war es konsequent, dass auch nur im Inland erlittene Verluste abgezogen werden konnten. In *Marks & Spencer* ließ der EuGH dieses Argument allerdings – jedenfalls als Ausfluss des Territorialitätsprinzips – nicht gelten, obwohl die Gewinne der ausländischen Tochtergesellschaften auch nicht besteuert wurden[122]. Der Unterschied dürfte tatsächlich darin liegen, dass bei Gebietsansässigen zumindest die Möglichkeit besteht, auch Auslandsgewinne zu erfassen, während der EuGH aber offenbar davon ausgeht, dass dies bei Gebietsfremden nicht zulässig ist. Diese Prämisse trifft aber letztlich nicht zu: Bei Gebietsfremden können nämlich nicht nur ausländische Einkünfte für Zwecke des Progressionsvorbehalts erfasst werden, sondern auch in die Bemessungsgrundlage einbezogen werden. Dem Urteil in *Saint-Gobain* lag gerade diese Situation zugrunde, da in die Bemessungsgrundlage der deutschen Zweigniederlassung der französischen Gesellschaft Dividenden und Zinsen aus einigen dritten Staaten einbezogen wurden[123]. Das Territorialitätsprinzip steht daher auf schwachen Beinen. Die Bemühungen des EuGH, andere Urteile von *Futura Participations* abzugrenzen, wirken gekünstelt. Der Widerspruch lässt sich jedenfalls nicht mit der Behauptung auflösen, dass in einem Fall das Territorialitätsprinzip gelte und im anderen nicht.

---

[120] *Cordewener*, Europäische Grundfreiheiten und nationales Steuerrecht, 631 f; *Wattel* in Lang (Hrsg), Direct Taxation: Recent ECJ Developments (2003) 156 f; *Pistone*, Tax treatment of foreign losses: an urgent issue for the European Court of Justice, EC Tax Rev 2003, 149 (151); *Sedemund*, Steine statt Brot oder immer noch europarechtswidrig? – Gedanken zur Neufassung des § 8a KStG, IStR 2004, 595 ff; *Cordewener/Dahlberg/Pistone/Reimer/Romano*, ET 2004, 220; *Kofler*, Aus der Rechtsprechung des EuGH – Einige Überlegungen zur steuerlichen Kohärenz nach dem Urteil des EuGH in der Rechtsache Manninen, ÖStZ 2005, 26 (29 f); *Hahn*, Gemeinschaftsrecht und Recht der direkten Steuern, DStZ 2005, 507 (513); *Englisch*, The European Treaties' Implications for Direct Taxes, Intertax 2005, 310 (330).

[121] EuGH v 15.5.1997, C-250/95, *Futura Participations* Rn 7.

[122] EuGH v 13.12.2005, C-446/03, *Marks and Spencer* Rn 40.

[123] EuGH v 21.9.1999, C-307/97, *Saint-Gobain* Rn 9.

Die hier angestellten Überlegungen zeigen jedenfalls, dass sich der EuGH mitunter auch dann mit dem Territorialitätsprinzip auseinanderzusetzen hat, wenn der Begriff gar nicht verwendet wird. Nicht bloß zufällig werden in den Urteilen *ICI* und *Saint-Gobain* von derartigen Überlegungen dann zur Behandlung des Kohärenzprinzips oder des Vorteilsausgleichs übergeleitet[124]. Dies zeigt sich auch anschaulich in den Schlussanträgen des Generalanwalts *Poiares Maduro* in *Marks & Spencer*, der die ausführliche Auseinandersetzung mit dem Territorialitätsprinzip mit folgender Formulierung abschließt[125]: „Was das Vereinigte Königreich mit diesem Argument in Wirklichkeit erreichen möchte, ist das Anerkenntnis, dass die Vergünstigung der übernehmenden Muttergesellschaft nicht gewährt werden darf, weil sie nicht durch die Möglichkeit ausgeglichen wird, die übertragende Tochtergesellschaft zu besteuern. Nach Ansicht der Regierung des Vereinigten Königreichs bezieht sich dieses Argument, das auf den Territorialitätsgrundsatz gestützt wird, auf den vom Gerichtshof im Urteil Bachmann anerkannten Grundsatz der steuerlichen Kohärenz. Daher ist diese Frage im Rahmen des zweiten vorgebrachten Rechtfertigungsgrundes zu behandeln." Erachtet man – wie hier bereits näher dargelegt – das Argument der Kohärenz als andere Ausdrucksform, um in Wahrheit den Kreis der Regelungen zu ermitteln, die die Vergleichbarkeit bestimmen oder ausschließen, so geht es auch bei der Auseinandersetzung mit dem Territorialitätsprinzip letztlich darum, zu beurteilen, welche Vorschriften in den Kreis der relevanten Normen einbezogen werden. Eine Regelung ist dabei einer Nicht-Regelung gleich zu halten. Eine Regelung könnte nämlich auch darin bestehen, bestimmte Einkünfte oder Steuersubjekte von der Steuer zu befreien. Dies ist der Konstellation gleichzustellen, in der diese Einkünfte oder Steuersubjekte gar nicht einbezogen werden. In *ICI* und *Saint-Gobain* hat sich der EuGH letztlich dafür entschieden, den Umstand, dass

---

[124] EuGH v 21.9.1999, C-307/97, *Saint-Gobain* Rn 51; EuGH v 16.7.1998, C-264/96, *ICI* Rn 28 f.
[125] Schlussantrag *GA Maduro* v 7.4.2005, C-446/03, *Marks & Spencer* Rn 64.

die ausländischen Gesellschaften im Inland nicht besteuert werden, für Zwecke der Vergleichbarkeitsprüfung auszublenden. In *Futura Participations* hat sich der EuGH hingegen dafür entschieden, dem Umstand der Nicht-Erfassung von Auslandseinkünften Gebietsfremder Bedeutung beizumessen, was ihn – mit anderen Worten ausgedrückt – zur Annahme geführt hat, dass sich Gebietsansässige und Gebietsfremde in Wahrheit in unterschiedlicher Situation befinden. Vor diesem Hintergrund hat sich die unterschiedliche Rechtsfolge – bei Gebietsfremden bezog sich der Verlustvortrag nur auf inländische Einkünfte – als unproblematisch dargestellt.

Die Unsicherheiten, die in der Rechtsprechung des EuGH zum Territorialitätsprinzip zum Ausdruck kommen, dürften nicht zuletzt davon abhängen, ob das Ziel eines Mitgliedstaates, seine eigene steuerliche Zuständigkeit nach territorialen Grundsätzen abzugrenzen, überhaupt vor dem Hintergrund der Zielsetzungen des Binnenmarktes Bestand haben kann. Einerseits könnte dieses Ziel gerade im Binnenmarkt Sinn machen, da es dazu führen könnte, dass die Mitgliedstaaten ihre steuerlichen Zuständigkeiten überschneidungsfrei wahrnehmen. Andererseits ist dieser Zielsetzung immanent, zwischen Inlands- und Auslandssachverhalten zu differenzieren. Vor diesem Hintergrund ist verständlich, dass der EuGH in Fällen, in denen der Mitgliedstaat seine Gesetze für bestimmte Arten der Steuerpflicht zur Gänze territorial abgrenzt – wie dies zB bei der beschränkten Steuerpflicht häufig der Fall ist – eher dazu geneigt ist, diese Zielsetzung als Rechtfertigung für eine Differenzierung anzuerkennen[126], als in Fällen, in denen die vom Gesetzgeber geschaffenen Regelungen an sich dem Welteinkommensprinzip folgen, das Territorialitätsprinzip dann aber dazu ins Treffen geführt wird, um dem Steuerpflichtigen Vorteile, die an sich auch Ausfluss des Welteinkommensprinzips wären – wie zB die Verlustberücksichtigung oder der

---

[126] Vgl EuGH v 15.5.1997, C-250/94, *Futura Participations* Rn 22.

Aufwandsabzug in bestimmten Fällen mit Auslandsbezug –, zu verwehren[127].

Ob das Territorialitätsprinzip zur Rechtfertigung herangezogen werden kann, hängt letztlich davon ab, wie sehr dieses Ziel in den maßgebenden Rechtsnormen zum Ausdruck kommt. In *Manninen* hat der EuGH in etwas verklausulierten Worten zum Ausdruck gebracht, dass die Berufung auf die Territorialität nicht als Rechtfertigung taugt, wenn andere gesetzgeberische Ziele im Vordergrund stehen, die zur Gleichbehandlung von in- und ausländischen Dividenden führen[128]: „Auf alle Fälle kann das Territorialitätsprinzip in Anbetracht von Artikel 58 Absatz 1 Buchstabe a EG keine unterschiedliche Behandlung der von Gesellschaften mit Sitz in Finnland ausgeschütteten Dividenden und der von Gesellschaften mit Sitz in anderen Mitgliedstaaten ausgeschütteten Dividenden rechtfertigen, wenn sich die von dieser unterschiedlichen Behandlung betroffenen Dividendenarten in der gleichen objektiven Situation befinden."

7. Der Entfall von Steuereinnahmen

Von Beginn an hat es der EuGH abgelehnt, den Entfall der Steuereinnahmen als eigenen Rechtfertigungsgrund zu akzeptieren[129]. In *X und Y* ordnete der EuGH diesen Rechtfertigungsgrund als rein wirtschaftlicher Natur ein, was es ihm erleichterte, an seine eigene Rechtsprechung zur Unbeachtlichkeit bloß „wirtschaftlicher Ziele" anzuknüpfen[130]: „Eine Verringerung der Steuereinnahmen, die die Gewährung der fraglichen Vergünstigung bei Übertragungen von Aktien der Typen A und B mit sich bringen könnte, gehört nicht zu den in Artikel 46

---

[127] EuGH v 18.9.2003, C-168/01, *Bosal* Rn 37 ff; EuGH v 7.9.2004, C-319/02, *Manninen* Rn 31 ff.

[128] EuGH v 7.9.2004, C-319/02, *Manninen* Rn 39.

[129] Erstmals EuGH v 28.4.1998, C-118/96, *Safir* Rn 34; siehe aber auch EuGH v 21.9.1999, C-307/97, *Saint-Gobain* Rn 49 ff; EuGH v 6.6.2000, C-35/98, *Verkooijen* Rn 59, EuGH v 3.10.2002, C-136/00, *Danner* Rn 55 ff; EuGH v 21.11.2002, C-436/00, *X und Y* Rn 50.

[130] EuGH v 21.11.2002, C-436/00, *X und Y* Rn 50.

EG aufgeführten Gründen und kann nicht als ein zwingender Grund des öffentlichen Interesses angesehen werden, der eine mit Artikel 43 EG grundsätzlich nicht zu vereinbarende Ungleichbehandlung rechtfertigen könnte (z. B. Urteile ICI, Randnr. 28, Metallgesellschaft u. a., Randnr. 59, und Saint-Gobain ZN, Randnr. 51). Ein solches Ziel ist rein wirtschaftlicher Natur und kann deshalb nach ständiger Rechtsprechung keinen zwingenden Grund des öffentlichen Interesses darstellen (z. B. Urteil vom 6. Juni 2000 in der Rechtssache C-35/98, Verkooijen, Slg. 2000, I-4071, Randnr. 48)."

Mitunter entsteht der Eindruck, dass der EuGH jeden auch nur am Rande angeführten Hinweis von Regierungen auf Steuermindereinnahmen geradezu dankbar aufgreift, um sich unter Verwendung der Formel, dass eine Verringerung der Steuereinnahmen keinen zwingenden Grund des Allgemeininteresses darstellt, der Auseinandersetzung mit den eigentlich vorgebrachten Argumenten zu entziehen. So haben die Regierungen das Argument, wonach bestimmte Begünstigungen in grenzüberschreitenden Konstellationen deshalb nicht gewährt werden brauchen, weil Auslandsgesellschaften ebenso wenig erfasst werden können, unvorsichtigerweise mit der – an sich selbstverständlichen – Bemerkung verbunden, dass die Gewährung von Begünstigungen zu Einnahmenverringerungen führt, die nicht kompensiert werden können, da Auslandsgewinne nicht erfasst werden können[131].

Im Sozialversicherungsrecht hat der EuGH allerdings eine ähnliche Rechtfertigung zugelassen[132]: Eine „erhebliche Gefährdung des finanziellen Gleichgewichts des Systems der sozialen Sicherheit [könne] einen zwingenden Grund des Allgemeininteresses darstellen, der eine [...] Beschränkung rechtfertigen kann."

---

[131] EuGH v 16.7.1998, C-264/96, *ICI* Rn 25; EuGH v 21.9.1999, C-307/97, *Saint-Gobain* Rn 20 ff; EuGH v 6.6.2000, C-35/98, *Verkooijen* Rn 52; EuGH v 3.10.2002, C-136/00, *Danner* Rn 34.
[132] EuGH v 28.4.1998, C-158/96, *Kohll* Rn 41.

Die Lektüre von EuGH-Urteilen auf dem Gebiet des Steuerrechts erweckt mitunter den Eindruck, dass die Absage an die Steuermindereinahmen als Rechtfertigungsgrund bloßes Lippenbekenntnis ist. So knüpft der EuGH in seinem Urteil *Marks & Spencer* einerseits an seine ständige Rechtsprechung, nach der dieses Argument unzulässig ist, an[133], um dieses Argument sogleich in anderer Formulierung wieder mit Leben zu erfüllen[134]: „Es kann jedoch, wie das Vereinigte Königreich zu Recht ausführt, zur Wahrung der Aufteilung der Besteuerungsbefugnis zwischen den Mitgliedstaaten erforderlich sein, auf die wirtschaftliche Tätigkeit der in einem dieser Staaten niedergelassenen Gesellschaften sowohl in Bezug auf Gewinne als auch auf Verluste nur dessen Steuerrecht anzuwenden. […] Würde nämlich den Gesellschaften die Möglichkeit eingeräumt, für die Berücksichtigung ihrer Verluste im Mitgliedstaat ihrer Niederlassung oder aber in einem anderen Mitgliedstaat zu optieren, so würde dadurch die Ausgewogenheit der Aufteilung der Besteuerungsbefugnis zwischen den Mitgliedstaaten erheblich beeinträchtigt, da die Besteuerungsgrundlage im ersten Staat um die übertragenen Verluste erweitert und im zweiten Staat entsprechend verringert würde."

Diese Formulierung lässt auch den dogmatischen Kern des Arguments erahnen: Es geht regelmäßig darum, ob auch die Behandlung ausländischer Gewinne eine Rolle spielen kann. In Wahrheit steht hinter dem Argument der Verringerung der Steuereinnahmen der Versuch von Mitgliedstaaten, einen größeren Kreis von Regelungen in die Vergleichbarkeitsprüfung einzubeziehen, mit dem Ziel, die Unterschiedlichkeit der Situation zu erweisen. Wenn der EuGH diese – mitunter auch nicht klar artikulierten – Argumente mit dem Hinweis beiseite wischt, dass die Verringerung von Steuereinnahmen keine taugliche Rechtfertigung darstellt, bringt er dadurch zum Ausdruck, dass er die fehlende Einbezie-

---

[133] EuGH v 13.12.2005, C-446/03, *Marks & Spencer* Rn 44:
[134] EuGH v 13.12.2005, C-446/03, *Marks & Spencer* Rn 45 - 46.

hung des Gewinns – oder mit anderen Worten gesagt: die entsprechende „Nicht-Regelung" für Auslandsgewinne – nicht im Rahmen der Vergleichbarkeitsprüfung berücksichtigen will, ohne sich aber der Mühe der detaillierteren Begründung zu unterziehen.

8. DBA

Zur Frage, inwieweit DBA-Regelungen zur Rechtfertigung herangezogen werden können, dürfte es auf den ersten Blick widersprüchliche Rechtsprechung geben. In *Avoir Fiscal* hat der EuGH einen sehr rigorosen Standpunkt vertreten und die Gelegenheit genutzt, eine sehr grundsätzlich formulierte Stellungnahme abzugeben[135]: „Schließlich macht die französische Regierung zu unrecht geltend, die fragliche Ungleichbehandlung beruhe auf den Doppelbesteuerungsabkommen. Diese Abkommen betreffen nämlich nicht die hier untersuchten Fälle, wie sie oben definiert worden sind. Außerdem sind die Rechte, die sich für die Begünstigten aus Artikel 52 EWG-Vertrag ergeben, unbedingt, und ein Mitgliedstaat kann ihre Beachtung nicht vom Inhalt eines mit einem anderen Mitgliedstaat geschlossenen Abkommens abhängig machen. Insbesondere erlaubt es dieser Artikel nicht, diese Rechte einer Gegenseitigkeitsbedingung zu unterwerfen, um in anderen Mitgliedstaaten entsprechende Vorteile zu erhalten." Der EuGH hat die DBA somit nicht in die Vergleichbarkeitsprüfung einbezogen.

Dieselbe Position hat der EuGH in *Saint-Gobain* vertreten[136]: „Wie der Generalanwalt in Nummer 81 seiner Schlussanträge ausgeführt hat, stellen die gemeinschaftsrechtlichen Verpflichtungen der Bundesrepublik Deutschland keineswegs ihre Verpflichtungen aus ihren Vereinbarungen mit den Vereinigten Staaten von

---

[135] EuGH v 28.1.1986, 270/83, *Avoir Fiscal* Rn 26.
[136] EuGH v 21.9.1999, C-307/97, *Saint-Gobain* Rn 59.

Amerika oder der Schweizerischen Eidgenossenschaft in Frage. Das Gleichgewicht und die Gegenseitigkeit der Abkommen zwischen der Bundesrepublik Deutschland und diesen beiden Ländern werden durch eine einseitig von der Bundesrepublik Deutschland beschlossene Ausdehnung des persönlichen Geltungsbereichs der in diesen Abkommen vorgesehenen Steuervergünstigungen in Deutschland, im vorliegenden Fall des internationalen körperschaftsteuerlichen Schachtelprivilegs, nicht gefährdet, da eine solche Ausdehnung in keiner Weise die Rechte der an den Abkommen beteiligten Drittstaaten beeinträchtigt und ihnen keine neuen Verpflichtungen auferlegt."

In *Royal Bank of Scotland* hat der EuGH hingegen eine DBA-Regelung zur Abrundung berücksichtigt[137]: „Außerdem kommt, wie die Französische Republik in ihren schriftlichen Erklärungen ausgeführt hat, ohne dass dies in der mündlichen Verhandlung nicht bestritten worden wäre, hinzu, dass der Umstand, dass die in Artikel 109 des Einkommensteuergesetzbuchs vorgesehene unterschiedliche Art und Weise der Gewinnbesteuerung nicht auf irgendeinem objektiven Unterschied zwischen der Situation von Gesellschaften mit Sitz in den anderen Mitgliedstaaten und der von Gesellschaften mit Sitz in Griechenland beruht, dadurch bestätigt wird, dass die griechische Zweigniederlassung einer Bank mit Sitz im Vereinigten Königreich im Rahmen des Abkommens über die Vermeidung von Doppelbesteuerung zwischen der Griechischen Republik und dem Vereinigten Königreich, insbesondere nach dessen Artikeln II, III und XVI, in Griechenland eine dauerhafte Niederlassung darstellt, die steuerlich einer gebietsansässigen Gesellschaft gleichgestellt ist, so dass dadurch vertraglich anerkannt ist, dass sie sich in einer Situation befindet, die der einer inländischen Gesellschaft objektiv vergleichbar ist."

---

[137] EuGH v 29.4.1999, C-311/97, *Royal Bank of Scotland* Rn 31.

In *D* ist der EuGH sogar soweit gegangen, seine Begründung der fehlenden Vergleichbarkeit ausschließlich auf das DBA zu stützen[138]: „Die Tatsache, dass diese gegenseitigen Rechte und Pflichten nur für Personen gelten, die in einem der beiden vertragschließenden Mitgliedstaaten wohnen, ist eine Konsequenz, die sich aus dem Wesen bilateraler Abkommen zur Vermeidung der Doppelbesteuerung ergibt. Daher befindet sich ein in Belgien ansässiger Steuerpflichtiger hinsichtlich der auf unbewegliches Vermögen in den Niederlanden erhobenen Vermögensteuer nicht in der gleichen Lage wie ein außerhalb Belgiens ansässiger Steuerpflichtiger."

So sehr gerade die zuletzt erwähnte Begründung fragwürdig ist[139], ist nichts dagegen einzuwenden, dass der EuGH nicht generell DBA berücksichtigt oder ihre Berücksichtigung generell ablehnt, sondern dies von Fall zu Fall entscheidet. Schließlich sollte es keinen Unterschied machen, ob eine Regelung Bestandteil eines DBA oder einer anderen Rechtssatzform des nationalen Rechts ist. Nicht die Rechtssatzform, sondern der unmittelbare Zusammenhang von Regelungen ist entscheidend. Daher können diese Regelungen manchmal in einem DBA enthalten sein, manchmal aber auch ausschließlich außerhalb.

9. Besteuerung im Ausland

Aus dem Blickwinkel der bisher diskutierten Rechtfertigungsgründe lässt sich auch beurteilen, unter welchen Voraussetzungen die steuerliche Situation in einem anderen Mitgliedstaat relevant sein kann. Unter dem Aspekt des Vorteils-

---

[138] EuGH v 5.7.2005, C-376/03, *D*. Rn 61.

[139] Dazu *Lang*, SWI 2005, 369 f; *van Thiel*, A Slip of the European Court in the D Case (C-376/03): Denial of the Most-Favoured-Nation Treatment because of Absence of Similarities? Intertax 2005, 454 ff; *Weber*, Most-Favoured-Nation Treatment under Tax Treaties Rejected in the European Community: Background and Analysis of the *D*. Case, Intertax 2005, 429 (440).

ausgleichs hat der EuGH Vorteile, die nach der Rechtsordnung eines anderen Staates gewährt werden, als Rechtfertigung abgelehnt[140]: Entgegen der Argumentation des Finanzamts kann eine solche Ungleichbehandlung auch nicht damit gerechtfertigt werden, dass „der in einem anderen Mitgliedstaat ansässige Vermieter möglicherweise einer geringeren steuerlichen Belastung unterliegt. [...] Ein etwaiger Steuervorteil für Dienstleistende in Form ihrer geringen steuerlichen Belastung in dem Mitgliedstaat, in dem sie ansässig sind, gibt einem anderen Mitgliedstaat nicht das Recht, die in seinem Gebiet ansässigen Empfänger der Dienstleistungen steuerlich ungünstiger zu behandeln (vgl. zu Artikel 52 EG-Vertrag [nach Änderung jetzt Artikel 43 EG] Urteile Kommission/Frankreich, Randnr. 21, und Asscher, Randnr. 53). [...] Wie die Kommission zu Recht ausführt, würden solche kompensatorischen Abgaben den Binnenmarkt in seinen Grundlagen beeinträchtigen."

Dass der EuGH den nach dem Recht eines anderen Staates zustehenden Steuervorteil nicht als Rechtfertigungsgrund anerkennt, überrascht nicht weiter, da die als bloßer „Steuervorteil" bezeichneten Regelungen nicht einmal dann als Rechtfertigungsgrund in Betracht kommen, wenn es sich um Vorschriften derselben Rechtsordnung handelt. Spannender ist daher, ob ausländische Regelungen unter Kohärenzgesichtspunkten einbezogen werden können. Dafür findet sich in *Manninen* tatsächlich ein Anhaltspunkt, da der EuGH seine Bereitschaft erklärt hat, eine Regelung für Auslandsdividenden zu akzeptieren, die – anders als bei Inlandsdividenden – die Steuerfreistellung beim Empfänger nur insoweit gewährleistet, als die Gesellschaft im Ausland der Besteuerung unterlegen ist[141]: „Daher würde in einem Fall wie dem des Ausgangsverfahrens die Gewährung einer Steuergutschrift an einen in Finnland unbeschränkt steuerpflichtigen Aktionär, der Aktien einer Gesellschaft mit Sitz in Schweden hält, wobei diese Steu-

---

[140] EuGH v 26.10.1999, C-294/97, *Eurowings* Rn 44.
[141] EuGH v 7.9.2004, C-319/02, *Manninen* Rn 46.

ergutschrift nach Maßgabe der von dieser Gesellschaft im letztgenannten Mitgliedstaat geschuldeten Körperschaftsteuer berechnet wird, die Kohärenz des finnischen Steuersystems nicht in Frage stellen und würde den freien Kapitalverkehr weniger beschränken als die in der finnischen Steuerregelung vorgesehene Maßnahme."

Geht man davon aus, dass das Kohärenzargument eine Spielart der Vergleichbarkeitsprüfung darstellt und die Frage des hinreichend starken Zusammenhangs zwischen zwei Vorschriften daher auch unmittelbar auf Vergleichbarkeitsebene berücksichtigt werden kann, ist zu erwarten, dass ausländische Vorschriften auch direkt in die Vergleichbarkeitsprüfung einbezogen werden können. Genauso wie nicht alle nationalen Regelungen zur Beurteilung der Vergleichbarkeit der Situation herangezogen werden, ist verständlich, dass es viele Konstellationen gibt, in denen ausländisches Recht überhaupt keine Rolle spielt: In den schon angesprochenen Rechtssachen *Avoir Fiscal, Saint-Gobain* und *Royal Bank of Scotland* hat der EuGH die Einbeziehung der Rechtslage jener Staaten, in denen die Steuerpflichtigen ansässig waren, nicht einmal erwogen.

Andererseits ist das Urteil *Schempp* ein Beispiel dafür, dass die Rechtslage im anderen Vertragsstaat für die Beurteilung der Vergleichbarkeit von Bedeutung sein kann[142]: „Entgegen der Auffassung von Herrn Schempp können daher Unterhaltsleistungen an einen in Deutschland wohnenden Empfänger nicht mit Unterhaltsleistungen an einen in Österreich wohnenden Empfänger verglichen werden. Denn in diesen beiden Fällen unterliegt der Empfänger, was die Besteuerung der Unterhaltsleistungen angeht, einer unterschiedlichen steuerrechtlichen Regelung." Der Umstand, dass der EuGH die steuerrechtlichen Regelungen des

---

[142] EuGH v 12.7.2005, C-403/03, *Schempp* Rn 35.

anderen Staates – wenn auch in sehr oberflächlicher Weise – einbezogen hat, hat die Vergleichbarkeit ausgeschlossen.

Mitunter berücksichtigt der EuGH die Rechtslage im anderen Staat weder bei der Beurteilung der rechtlichen Vergleichbarkeit noch bei Prüfung der Kohärenz, sondern auf Grund eines gesonderten Rechtfertigungsgrundes: In *Marks & Spencer* hat der EuGH die Berücksichtigung von Verlusten nach dem Recht des anderen Staates als relevant angesehen[143]: „Zum zweiten Rechtfertigungsgrund – doppelte Verlustberücksichtigung – ist anzuerkennen, dass die Mitgliedstaaten dies verhindern können müssen. [...] Tatsächlich ist eine Ausdehnung des Konzernabzugs auf gebietsfremde Tochtergesellschaften mit einer solchen Gefahr verbunden. Sie wird durch eine Regelung vermieden, die einen Abzug dieser Verluste ausschließt." Der EuGH hat damit die Grundlage für seine Argumentation geschaffen, wonach eine Regelung, die den Abzug von Auslandsverlusten im Rahmen der britischen Gruppenbesteuerung nur dann zulassen würde, wenn die Verlustverwertung im anderen Mitgliedstaat nicht zulässig ist, gemeinschaftsrechtskonform ist.

Den Fällen, in denen der EuGH die Rechtslage im anderen Mitgliedstaat in seine Prüfung einbezogen hat, ist gemeinsam, dass der EuGH keineswegs davon ausgegangen ist, dass sich die Gemeinschaftsrechtswidrigkeit erst aus dem Zusammenspiel der Rechtslage zweier oder mehrer Staaten ergeben hat. Gegen eine derartige Vorgangsweise könnte nämlich zurecht der Vorwurf erhoben werden, dass jeder Mitgliedstaat für die Einhaltung der gemeinschaftsrechtlichen Vorgaben verantwortlich ist und sich diese Verantwortlichkeit nicht festmachen ließe, wenn sich der Verstoß gegen das Gemeinschaftsrecht erst aus dem Zusammen-

---

[143] EuGH v 13.12.2005, C-446/03, *Marks & Spencer* Rn 47 - 48.

wirken zweier Mitgliedsstaaten ergäbe[144]. Vielmehr hat der EuGH in all diesen Konstellationen das Recht des anderen Staates in seine Überlegungen einbezogen, weil die Vorschriften jenes Staates, dessen Regelungen auf ihre Gemeinschaftsrechtskonformität überprüft wurden, auf das Recht des anderen Staates verwiesen hatten oder der EuGH eben von sich aus überlegt hat, inwieweit ein derartiger Verweis zulässig ist. Im Wege der Verweisungsnorm ist das verwiesene Recht, auch wenn es von einem anderen Rechtssetzer geschaffen wurde, zum Bestandteil des Rechts des Mitgliedstaates selbst geworden. Das Recht des anderen Staates ist daher nicht in seiner Eigenschaft als fremdes Recht in die Beurteilung einbezogen worden, sondern deshalb, weil es zum Bestandteil der Verweisungsnorm wurde.

Aus diesem Grund besteht kein Widerspruch zur Entscheidung des ETFA-Gerichtshofs in *Fokus Bank ASA*[145]. Dabei ist es um ein Steuerguthaben gegangen, das inländischen Gesellschaftern einer inländischen Kapitalgesellschaft gezahlt wurde und mit der Quellensteuer verrechnet werden konnte. Ausländischen Anteilseignern wurde dieses Steuerguthaben aber mit der Begründung verweigert, dass die inländische Quellensteuer einerseits durch das DBA reduziert und im verbleibenden Umfang im Regelfall nach den DBA im Ansässigkeitsstaat vom Anteilseigner anzurechnen sind. Der EFTA-Gerichtshof hatte in Auslegung der Kapitalverkehrsfreiheit festgestellt, „dass eine Beschränkung oder Diskriminierung [...] nicht durch Vorteile ausgeglichen werden kann, die Anteilseignern in ihren Ansässigkeitsstaaten gewährt werden. [...] Ein Vertragsstaat kann die Erfüllung von Verpflichtungen aus dem EWR-Abkommen nicht auf einen anderen Vertragsstaat verlagern, indem er sich darauf beruft, dass der Letztere die

---

[144] *Lang* in Gassner/Lang/Lechner, (Hrsg) Doppelbesteuerungsabkommen und EU-Recht, 25 (36 ff); *Cordewener*, Europäische Grundfreiheiten und nationales Steuerrecht, 828 ff; *Englisch*, Dividendenbesteuerung, 240.

[145] Vgl aber Schlussantrag *GA Geelhoed* v 23.2.2006, C-374/04, *ACT Group Litigation* FN 83.

Diskriminierung und die Nachteile, die durch ihn verursacht worden sind, wieder gut macht."[146] Der EFTA-Gerichtshof hat damit zum Ausdruck gebracht, dass er eine Regelung, die die Anrechnung des Steuerguthabens auf die inländische Quellensteuer davon abhängen machen würde, ob im Ausland eine Steuer angerechnet werden kann, nicht in die Vergleichbarkeitsprüfung einbeziehen würde. Daher würde er sich auch durch eine derartige Regelung nicht gehindert sehen, inländische und ausländische Anteilseigner in einer rechtlich gleichartigen Situation zu sehen und aus diesem Grund die Gewährung des Steuerguthabens auch für ausländische Anteilseigner zu fordern.

In *CLT-UFA-SA* hat es der EuGH allerdings für möglich erachtet, dass „der für die Gewinne einer [...] Tochtergesellschaft geltende Steuersatz, der niedriger ist als der für die Gewinne einer Zweigniederlassung geltende Steuersatz, [...] durch eine höhere Besteuerung dieser Gewinne bei der luxemburgischen Muttergesellschaft ausgeglichen wird." Die war offenbar nur deshalb nicht der Fall, weil diese Gewinne aufgrund des DBA von der luxemburgischen Körperschaftsteuer ausgenommen waren[147].

10. Fehlende Steuerharmonisierung

Ein gelegentlich ins Spiel gebrachter Rechtfertigungsgrund ist auch die fehlende Steuerharmonisierung. Der EuGH hat diesen Rechtfertigungsgrund bereits in *Avoir Fiscal* ohne Umschweife verworfen[148]: „Mit einer zweiten Argumentationsreihe möchte die französische Regierung dartun, dass die Ungleichbehandlung in Wirklichkeit auf die Besonderheiten und die Unterschiede der Steuerregelungen in den verschiedenen Mitgliedstaaten sowie auf die Doppelbesteue-

---

[146] Efta Gerichtshof 23.11.2004, E-1/04, *Fokus Bank ASA* Rn 37.
[147] EuGH v 23.2.2006, C-253/03, *CLT-UFA-SA* Rn 27.
[148] EuGH v 28.1.1986, 270/83, *Avoir Fiscal* Rn 23 - 24.

rungsabkommen zurückzuführen sei. Da die betreffenden Rechtsvorschriften noch nicht harmonisiert seien, seien unterschiedliche Maßnahmen je nach Einzelfall notwendig, um diesen Unterschieden zwischen den Steuerregelungen Rechnung zu tragen, und somit gemäß Artikel 52 EWG-Vertrag gerechtfertigt. [...] Hierzu ist zunächst festzustellen, dass eine mangelnde Harmonisierung der Rechtsvorschriften der Mitgliedstaaten über die Körperschaftsteuer die fragliche Ungleichbehandlung nicht rechtfertigen kann. Zwar hängt bei Fehlen einer solchen Harmonisierung die steuerrechtliche Lage einer Gesellschaft von dem für sie geltenden nationalen Recht ab; Artikel 52 EWG-Vertrag verbietet jedoch jedem Mitgliedstaat, in seinen Rechtsvorschriften für die Personen, die von der Freiheit, sich in diesem Staat niederzulassen, Gebrauch machen, andere Bedingungen für die Ausübung ihrer Tätigkeit vorzusehen, als sie für seine eigenen Staatsangehörigen festgelegt sind."

Vor dem Hintergrund der bisher angestellten Überlegungen lässt sich auch dieser Rechtfertigungsgrund einordnen: In seinem Kern läuft die Rechtfertigung, dass eine Ungleichbehandlung deshalb gerechtfertigt wäre, weil es noch an einer Steuerharmonisierung fehle, darauf hinaus, dass zumindest alle steuerlich relevanten Rechtsvorschriften der berührten Mitgliedstaaten berücksichtigt werden sollen. Je weiter man den Kreis der für die Vergleichbarkeitsprüfung bedeutsamen Rechtsvorschriften zieht, desto weniger ist anzunehmen, dass sich Gebietsfremder und Gebietsansässiger oder Inlands- und Auslandssachverhalt als rechtlich vergleichbar erweisen. Dass der EuGH diesem Argument von Vorneherein nichts abgewinnen kann, ist einzusehen, zumal er ja auch bereits in *Avoir Fiscal* sogar den Rechtfertigungsgrund des Vorteilsausgleichs ablehnt und damit Regelungen unberücksichtigt lässt, die tatsächlich in einem bestimmten, aber eben nicht hinreichend engen Zusammenhang zur der die Benachteiligung auslösenden Regelung steht.

11. Steuerflucht und Steuerhinterziehung

Der Rechtfertigungsgrund der Steuerflucht ist nicht von Anfang an akzeptiert worden. In *Avoir Fiscal* hatte der EuGH dieses Argument noch mit knappen Worten abgelehnt[149]: „Ebenso wenig kann in diesem Zusammenhang die Gefahr der Steuerflucht geltend gemacht werden. Artikel 52 EWG-Vertrag lässt keine Ausnahme vom Grundprinzip der Niederlassungsfreiheit aus solchen Gründen zu." Interessanterweise hat der EuGH aber bereits in diesem Urteil eine zusätzliche Begründung nachgeschoben, die vor dem Hintergrund der zuvor getroffenen Aussage entbehrlich erscheint: „Im übrigen sind die Berechnungen nicht überzeugend erschienen, die die französische Regierung in dieser Hinsicht vorgelegt hat, um darzutun, dass die Gewährung des Steuerguthabens an Zweigniederlassungen und Agenturen von Gesellschaften mit Sitz in anderen Mitgliedstaaten einen Anreiz für diese Gesellschaften biete, Aktien französischer Gesellschaften, die sie besessen, als Vermögen der Zweigniederlassungen und Agenturen in Frankreich zu verbuchen. Diese Berechnungen beruhen nämlich auf der Annahme, die in Artikel 158 a des code general des impots keine Grundlage findet, dass die Überweisung der von den Zweigniederlassungen oder Agenturen erwirtschafteten Gewinne an die Hauptniederlassung der Gesellschaft ihrerseits mit einem Steuerguthaben verbunden ist; die Kommission hat aber im vorliegenden Verfahren auch nicht verlangt, dass die Gewährung eines Steuerguthabens für solche Fälle vorgesehen wird."

In *ICI* hat der EuGH seine Rechtsprechung allerdings geändert, indem er die Gefahr der Steuerumgehung als Rechtfertigungsgrund dem Grunde nach anerkannt hat[150]: „Zu der auf die Gefahr einer Steuerumgehung gestützten Rechtfertigung genügt die Feststellung, dass die im Ausgangsverfahren in Rede stehenden

---

[149] EuGH v 28.1.1986, 270/83, *Avoir Fiscal* Rn 25.
[150] EuGH v 16.7.1998, C-264/96, *ICI* Rn 26.

Rechtsvorschriften nicht speziell bezwecken, rein künstliche Konstruktionen, die auf eine Umgehung des Steuerrechts des Vereinigten Königreichs gerichtet sind, von einem Steuervorteil auszuschließen, sondern generell jede Situation erfassen, in der die Mehrzahl der Tochtergesellschaften eines Konzerns ihren Sitz, aus welchen Gründen auch immer, außerhalb des Vereinigten Königreichs hat." Interessant ist, dass der EuGH dem noch folgendes Argument angefügt hat[151]: „Die Niederlassung einer Gesellschaft außerhalb des Vereinigten Königreichs impliziert aber als solche nicht die Steuerumgehung, da die betreffende Gesellschaft auf jeden Fall dem Steuerrecht des Niederlassungsstaats unterliegt." Fraglich ist, ob damit die bloße Besteuerungsbefugnis des Niederlassungsstaats oder aber die tatsächliche Besteuerung gemeint ist. Wäre das zuletzt erwähnte Verständnis zutreffend, könnte sich die Zulässigkeit der Benachteiligung des Auslandssachverhalts bei Fehlen der Besteuerung ergeben.

In *Lasteyrie du Saillant* hat der EuGH an diese Rechtsprechung angeknüpft[152]: „Zu der vom vorlegenden Gericht in der Vorlagefrage erwähnten Rechtfertigung mit dem Ziel, der Steuerflucht vorzubeugen, ist festzustellen, dass Artikel 167 bis CGI nicht speziell darauf zielt, nur zur Umgehung des französischen Steuerrechts geschaffene Sachverhalte von einer Steuervergünstigung auszunehmen, sondern allgemein alle Fälle erfasst, in denen ein Steuerpflichtiger, der wesentliche Beteiligungen an einer körperschaftsteuerpflichtigen Gesellschaft hält, seinen Wohnsitz aus welchem Grund auch immer ins Ausland verlegt (in diesem Sinne Urteile ICI, Randnr. 26, sowie X und Y, Randnr. 61). [...] Verlegt eine natürliche Person ihren Wohnsitz aus dem Gebiet eines Mitgliedstaats, so bedeutet dies für sich genommen keine Steuerflucht. Eine allgemeine Vermutung von Steuerflucht oder Steuerhinterziehung kann nicht auf den Umstand gestützt werden, dass eine natürliche Person ihren Wohnsitz in einen anderen Mitglied-

---

[151] EuGH v 16.7.1998, C-264/96, *ICI* Rn 26 letzter Satz.
[152] EuGH v 11.3.2004, C-9/02, *de Lasteyrie du Saillant* Rn 50 und 51.

staat verlegt hat, und kann somit auch keine Steuermaßnahme rechtfertigen, die die Wahrnehmung einer durch den EG-Vertrag garantierten Grundfreiheit beeinträchtigt (in diesem Sinne Urteile vom 26. September 2000 in der Rechtssache C-478/98, Kommission/Belgien, Slg. 2000, I-7587, Randnr. 45, sowie X und Y, Randnr. 62)." Der EuGH hat aber zusätzlich zu den zur Umgehung geschaffenen Sachverhalten noch folgende benachteiligende Regelung als zulässig angesehen[153]: „Wie der Generalanwalt in Nummer 64 seiner Schlussanträge ausgeführt hat, könnten die französischen Behörden u. a. die Besteuerung eines Steuerpflichtigen vorsehen, der nach verhältnismäßig kurzem Aufenthalt in einem anderen Mitgliedstaat und nach Realisierung der Wertsteigerungen nach Frankreich zurückkehrt; so würden Auswirkungen auf die Situation von Steuerpflichtigen, die in gutem Glauben von ihrer Freiheit der Niederlassung in einem anderen Mitgliedstaat Gebrauch machen wollen, vermieden."

In *Marks & Spencer* schließlich hat der EuGH die Gefahr der Steuerflucht als tauglich erachtet, um – allerdings im Zusammenhalt mit den beiden anderen Rechtfertigungsgründen – die Versagung der Begünstigung im Auslandsfall zu rechtfertigen und bloß in Ausnahmefällen ihre Zulassung zu verlangen[154]: "Was schließlich den dritten Rechtfertigungsgrund – Steuerfluchtgefahr – angeht, so ist anzuerkennen, dass die Möglichkeit der Übertragung von Verlusten einer gebietsfremden Tochtergesellschaft auf eine gebietsansässige Gesellschaft die Gefahr birgt, dass die Verlustübertragungen innerhalb eines Gesellschaftskonzerns in Richtung der Gesellschaften geleitet werden, die in den Mitgliedstaaten ansässig sind, in denen die höchsten Steuersätze gelten und folglich der steuerliche Wert der Verluste am höchsten ist. [...] Ein Ausschluss des Konzernabzugs für Verluste von gebietsfremden Tochtergesellschaften verhindert solche Praktiken,

---

[153] EuGH v 11.3.2004, C-9/02, *de Lasteyrie du Saillant* Rn 54.
[154] EuGH v 13.12.2005, C-446/03, *Marks & Spencer* Rn 49 - 50.

die durch das Bestehen deutlicher Unterschiede in den Steuersätzen der verschiedenen Mitgliedstaaten veranlasst sein könnten."

Hinter dem Rechtfertigungsgrund der Steuerfluchtgefahr steht die Einbeziehung der Rechtslage im anderen Vertragsstaat, wenngleich in recht diffuser Form: Der EuGH verweist meist in recht allgemeiner Form auf das Steuerrecht anderer Staaten, ohne die günstigeren Regelungen anderer Staaten zu bezeichnen. Relativ konkret ist der EuGH noch in *Marks & Spencer*, wo von den Steuersätzen die Rede ist, allerdings ohne Nennung der Staaten, in denen „die höchsten Steuersätze" gelten[155]. Die Rechtsprechung steht aber in einem Spannungsverhältnis zu anderen Urteilen, in denen der EuGH die Gefahr der Steuerflucht trotz möglicher niedriger Steuerbelastung im anderen Mitgliedstaat gar nicht anspricht[156]:

„Entgegen der Argumentation des Finanzamts kann eine solche Ungleichbehandlung auch nicht damit gerechtfertigt werden, dass der in einem anderen Mitgliedstaat ansässige Vermieter möglicherweise einer geringeren steuerlichen Belastung unterliegt."

---

[155] EuGH v 13.12.2005, C-446/03, *Marks & Spencer* Rn 49.
[156] EuGH v 26.10.1999. C-294/97, *Eurowings* Rn 43.

V. Verhältnismäßigkeitsprüfung

1. Die Verhältnismäßigkeitsprüfung als Verfeinerung des Maßstabs

In *Futura Participations* hat der EuGH den Maßstab seiner Prüfung verfeinert, indem er seine außerhalb des Steuerrechts entwickelte Rechtsprechung auch auf die direkten Steuern übertragen hat, und es zur Rechtfertigung einer Differenzierung nicht als ausreichend angesehen hat, „wenn die Maßnahme ein legitimes Ziel verfolgt, das mit dem EG-Vertrag vereinbar und durch zwingende Gründe des öffentlichen Interesses gerechtfertigt ist. Erforderlich ist zudem, dass die Maßnahme zur Erreichung des fraglichen Zieles geeignet ist und nicht über das hinausgeht, was hierzu erforderlich (vgl. Urteile vom 30. November 1995 in der Rechtssache C-55/94, Gebhard, Slg. 1995, I-4165, Randnr. 37; vom 31. März 1993 in der Rechtssache C-19/92, Kraus, Slg. 1993, I-1663, Randnr. 32; und vom 15. Dezember 1995 in der Rechtssache C-415/93, Bosman, Slg. 1995, I-4921, Randnr. 104).“[157]

Allerdings sind auch frühere Urteile des EuGH implizit von Verhältnismäßigkeitsüberlegungen getragen: In *Bachmann* begnügte sich der EuGH nicht damit, die Notwendigkeit der Bewahrung der Kohärenz als Rechtfertigungsgrund anzuführen, sondern argumentierte auch, dass andere – weniger einschneidende Maßnahmen – nicht geeignet gewesen wären, das Ziel zu erreichen[158]. Dass Verhältnismäßigkeitsüberlegungen von Anfang an eine Rolle spielen, ist wenig überraschend, da die Verhältnismäßigkeit die Brücke zwischen der Differenzierung und der Rechtfertigung schlägt: Eine vom Gesetzgeber vorgenommene

---

[157] EuGH v 15.3.1997, C-250/95, *Futura Participations* Rn 26.
[158] EuGH v 28.1.1992, C-204/90, *Bachmann* Rn 27.

Differenzierung muss auch geeignet sein, dem ins Treffen geführten Rechtfertigungsgrund zum Durchbruch zu verhelfen. Der feine Maßstab, der spätestens
seit *Futura Participations* auch auf dem Gebiet der direkten Steuern angewendet
wird, zeigt sich aber darin, dass die Maßnahme nicht über das hinausgehen darf,
was zur Erreichung des Ziels erforderlich ist.

Dass in der bisherigen Rechtsprechung des EuGH zu den direkten Steuern die
Verhältnismäßigkeitsprüfung nicht allzu große Bedeutung erlangt hat, hängt vor
allem damit zusammen, dass der EuGH in nur wenigen Fällen Rechtfertigungs-
gründe akzeptiert hat. Fehlt es schon an einer Rechtfertigung, besteht auch keine
Notwendigkeit, sich mit Fragen der Verhältnismäßigkeit auseinander zu setzen.
Wenn sich die Tendenz bestätigt, nach der der EuGH dazu neigt, ein offeneres
Ohr gegenüber Rechtfertigungen zu haben, wird auch die Verhältnismäßigkeit in
Hinkunft eine größere Rolle spielen.

Gelegentlich hat der EuGH aber auch offen gelassen, ob er einen vorgetragenen
Rechtfertigungsgrund überhaupt für tragfähig hält und sich der weiteren Auseinandersetzung mit dieser Frage dadurch entzogen, indem er jedenfalls die Verhältnismäßigkeit verneinte[159]: „Auch wenn, wie diese Regierung geltend gemacht hat, nicht ausgeschlossen werden kann, dass die Förderung von Forschung und Entwicklung einen zwingenden Grund des Allgemeininteresses darstellt, kann sie jedoch keine nationale Maßnahme wie die im Ausgangsverfahren
streitige rechtfertigen, die eine Steuervergünstigung für Forschung allen Forschungstätigkeiten versagt, die nicht in dem betreffenden Mitgliedstaat durchgeführt werden." In den Fällen, in denen der EuGH die Vergleichbarkeit verneint
hat, hat er die Prüfung abgebrochen und die Regelung für gemeinschaftsrechts-

---

[159] EuGH v 10.3.2005, C-39/04, *Laboratoires Fournier* Rn 23.

konform erklärt[160]. Dies ist aber nicht überzeugend. Die Verhältnismäßigkeit sollte in diesen Konstellationen ebenfalls eine Rolle spielen[161]: Es ist nicht einzusehen, dass der Gesetzgeber ungleiche Situationen in beliebiger Weise ungleich behandeln darf.

2. Wirksamkeit steuerlicher Kontrolle

Die Rechtsprechung zur Wirksamkeit steuerlicher Kontrolle zeigt auch, wie schwer Rechtfertigungsgrund und Verhältnismäßigkeitsprüfung voneinander zu trennen sind. Der EuGH hat das Erfordernis wirksamer steuerlicher Kontrolle an sich als Rechtfertigungsgrund anerkannt, gleichzeitig aber darauf hingewiesen, dass im Anwendungsbereich der Amtshilfe-Richtlinie dieser Rechtfertigungsgrund keine Bedeutung haben kann[162]. Diese Ausnahme von der Rechtfertigung lässt sich auch so deuten, dass die gesetzgeberische Maßnahme unverhältnismäßig wäre.

Spannender ist allerdings das Verhältnis zwischen der Inanspruchnahme der Amtshilfe und der Möglichkeit, den Steuerpflichtigen zur Mitwirkung zu verhalten. Die Rechtsprechung legt gelegentlich das Schwergewicht auf die Amtshilfe-

[160] EuGH v 8.9.2005, C-512/03, *Blanckaert* Rn 50; EuGH v 5.7.2005, C-376/03, *D.* Rn 59 f; EuGH v 12.7.2005, C-403/03, *Schempp* Rn 35 f.

[161] Vgl *Lang, Marks & Spencer* - Eine erste Analyse des EuGH-Urteils, SWI 2006, 3 (5); *Lyal*, EC Tax Review 2003, 69.

[162] EuGH v 28.1.1992, C-204/90, *Bachmann* Rn 18; EuGH v 12.4.1994, C-1/93, *Halliburton* Rn 22; EuGH v 14.2.1995, C-279/93, *Schumacker* Rn 45; EuGH v 11.8.1995, C-80/94, *Wielockx* Rn 26; EuGH v 15.5.1997, C-250/95, *Futura Participations* Rn 41; EuGH v 28.10.1999, C-55/98, *Bent Vestergaard* Rn 26; EuGH v 3.10.2002, C-136/00, *Danner* Rn 49; EuGH v 26.9.2000, C-478/98, *Kommission/Belgien* Rn 39; EuGH v 25.6.2003, C-422/01, *Skandia* Rn 44; EuGH v 4.3.2004, C-334/02, *Fixed Levy* Rn 31.

Richtlinie[163], gelegentlich aber auch auf die Möglichkeit den Steuerpflichtigen zur Mitwirkung zu verhalten[164]. In der älteren Rechtsprechung – wie in *Bachmann* oder in *Futura Participations* – zeigt sich, dass der EuGH die Möglichkeit, den Steuerpflichtigen zur Mitwirkung zu verhalten, nur in zweiter Linie ins Treffen geführt hat[165], während er in der jüngeren Rechtsprechung beide Möglichkeiten der Abgabenbehörde, sich die Informationen aus dem Ausland zu beschaffen, gleichberechtigt nennt[166] oder – wie zuletzt in *Marks & Spencer*[167] – nur noch von der Nachweispflicht des Steuerpflichtigen spricht. Der für den Steuerpflichtigen am Wenigsten einschneidende Eingriff liegt sicher dann vor, wenn er nicht selbst zur Mitwirkung verhalten ist, sondern die Behörde auf die Amtshilfe-Richtlinie verwiesen wird. Offenbar vor dem Hintergrund der im Schrifttum geäußerten mangelnden Effizienz der Amtshilfe-Maßnahme hat der EuGH die Schwerpunkte verschoben[168].

---

[163] EuGH v 12.4.1994, C-1/93, *Halliburton* Rn 22; EuGH v 14.2.1995, C-279/93, *Schumacker* Rn 45; EuGH v 11.8.1995, C-80/94, *Wielockx* Rn 26; EuGH v 15.5.1997, C-250/95, *Futura Participations* Rn 41; EuGH v 4.3.2004, C-334/02, *Fixed Levy* Rn 31.

[164] EuGH v 28.1.1992, C-204/90, *Bachmann* Rn 18 und 20; EuGH v 28.1.1992, C-300/90, *Kommission/Belgien* Rn 11 und 13; EuGH v 15.5.1997, C-250/95, *Futura Participations* Rn 38 f; EuGH v 28.10.1999, C-55/98, *Bent Vestergaard* Rn 26; EuGH v 3.10.2002, C-136/00, *Danner* Rn 50; EuGH v 25.6.2003, C-422/01, *Skandia* Rn 43; EuGH v 10.3.2005, C-39/04, *Laboratoires Fournier* Rn 25.

[165] EuGH v 28.1.1992, C-204/90, *Bachmann* Rn 20; EuGH v 15.5.1997, C-250/95, *Futura Participations* Rn 38.

[166] Vgl zB EuGH v 28.1.1992, C-204/90, *Bachmann* Rn 18 und 20; EuGH v 28.1.1992, C-300/90, *Kommission/Belgien* Rn 11 und 13; EuGH v 15.5.1997, C-250/95, *Futura Participations* Rn 38 f; EuGH v 28.10.1999, C-55/98, *Bent Vestergaard* Rn 26; EuGH v 3.10.2002, C-136/00, *Danner* Rn 50; EuGH v 25.6.2003, C-422/01, *Skandia* Rn 43 ; EuGH v 10.3.2005, C-39/04, *Laboratoires Fournier* Rn 25.

[167] Schlussantrag GA *Maduro* v 7. 4. 2005, C-446/03, *Marks & Spencer* Rn 81; EuGH v 13.12.2005, C-446/03, *Marks & Spencer* Rn 56.

[168] Zur Kritik an der Effizienz der Amtshilfe-Praxis siehe zB *Lang*, Neuregelung der beschränkten Steuerpflicht nach dem Abgabenänderungsgesetz 2004, SWI 2005, 156 (158 ff).

3. Steuerflucht und Steuerhinterziehung

Die Rechtsprechung zur Steuerflucht und Steuerhinterziehung als Rechtfertigung für differenzierende Regelungen ist an sich dadurch gekennzeichnet, dass der EuGH generelle Maßnahmen des Gesetzgebers als unverhältnismäßig erachtet, der Gefahr der Steuerflucht oder der Steuerhinterziehung vorzubeugen. Seine Rechtsprechung lässt sich am Beispiel des Urteils in *X und Y* zeigen[169]: „Die streitige Bestimmung zielt aber nicht speziell darauf, bloß künstlich geschaffene, der Umgehung des schwedischen Steuerrechts dienende Sachverhalte von der Steuervergünstigung auszunehmen, sondern sie erfasst allgemein alle Sachverhalte, bei denen die Aktien zu einem ermäßigten Preis auf eine nach den Rechtsvorschriften eines anderen Mitgliedstaats gegründete Gesellschaft, an der der Übertragende beteiligt ist, oder auf die im Königreich Schweden errichtete Tochtergesellschaft einer solchen Gesellschaft übertragen werden. [...] Eine allgemeine Annahme, dass eine Steuerhinterziehung oder ein Steuerbetrug stattfinden werde, kann aber nicht mit dem Umstand begründet werden, dass die die Aktien erhaltende Gesellschaft oder deren Muttergesellschaft in einem anderen Mitgliedstaat niedergelassen ist, und somit auch keine Steuermaßnahme rechtfertigen, die die Wahrnehmung einer durch den Vertrag gewährleisteten Grundfreiheit beeinträchtigt (in diesem Sinne Urteil vom 26. September 2000 in der Rechtssache C-478/98, Kommission/Belgien, Slg. 2000, I-7587, Randnr. 45)."
Der EuGH ist bisher noch nicht vor der Notwendigkeit gestanden, die Verhältnismäßigkeitsprüfung weiter zu verfeinern. Denn es ist nicht anzunehmen, dass jede gesetzgeberische Maßnahmen, die auf künstlich geschaffene Sachverhalte abzielt, schon von sich aus geeignet ist, eine Differenzierung zu rechtfertigen. Die Maßnahme wird wohl auch selbst an ihrem jeweiligen Ziel zu messen sein.

---

[169] EuGH v 21.11.2002, C-436/00, *X und Y* Rn 61 und 62.

Mangels derartig fokussierter Regelungen hat der EuGH bisher mit einer Grobprüfung das Auslangen gefunden.

Andererseits hat der EuGH auch nicht ausgeschlossen, generelle Regelungen – die allerdings einen eng begrenzten Anwendungsbereich haben – als verhältnismäßig anzusehen, wie das Urteil in *de Lasteyrie du Saillant* zeigt[170]: „Wie der Generalanwalt in Nummer 64 seiner Schlussanträge ausgeführt hat, könnten die französischen Behörden u. a. die Besteuerung eines Steuerpflichtigen vorsehen, der nach verhältnismäßig kurzem Aufenthalt in einem anderen Mitgliedstaat und nach Realisierung der Wertsteigerungen nach Frankreich zurückkehrt; so würden Auswirkungen auf die Situation von Steuerpflichtigen, die in gutem Glauben von ihrer Freiheit der Niederlassung in einem anderen Mitgliedstaat Gebrauch machen wollen, vermieden."

In *Marks & Spencer* hat der EuGH die Gefahr der Steuerflucht als Rechtfertigungsgrund anerkannt und die Verhältnismäßigkeit der Benachteiligung des Auslandssachverhalts angenommen, wenn sichergestellt ist, dass der Verlustabzug zumindest dann zusteht, wenn die Verlustverwertung im Ausland ausgeschlossen ist[171]. Generelle Schlussfolgerungen können aus diesem Urteil aber nur mit Schwierigkeiten gezogen werden, da der EuGH betont hat, dass nicht der Rechtfertigungsgrund der Gefahr der Steuerflucht alleine maßgebend war[172]. Bemerkenswert ist jedenfalls, dass der EuGH nicht die am Wenigsten einschneidende Maßnahme, die das Ziel der Vermeidung der doppelten Verlustverwertung sicherstellt, für erforderlich gehalten hat, sondern auch eine einschneidendere Maßnahme akzeptiert hat[173]. Darüber hinaus hat er es auch noch

---

[170] EuGH v 11.3.2004, C-9/02, *de Lasteyrie du Saillant* Rn 54.
[171] EuGH v 13.12.2005, C-446/03, *Marks & Spencer* Rn 49.
[172] EuGH v 13.12.2005, C-446/03, *Marks & Spencer* Rn 51.
[173] EuGH v 13.12.2005, C-446/03, *Marks & Spencer* Rn 54 ff.

für denkbar erachtet, in Fällen künstlich geschaffener Sachverhalte nicht einmal die einfache Verlustverwertung zu gewähren[174].

4. Kohärenz

Im Rahmen der Rechtsprechung zur Kohärenz hat die Verhältnismäßigkeit bisher eine große Rolle gespielt: In *X und Y* hätte die Sicherung der Besteuerungsgrundlage als Rechtfertigung gedient, der nationale Gesetzgeber hat aber nicht die strengen Anforderungen erfüllt, die sich aus der Verhältnismäßigkeitsprüfung ergeben haben[175]: „In einem Fall wie dem des Ausgangsverfahrens ergibt sich die Gefahr hingegen daraus, dass die Besteuerungsgrundlage wegen des endgültigen Wegzugs des Steuerpflichtigen in das Ausland später wegfallen kann. [...] In einer solchen Situation kann im Unterschied zu derjenigen, die zu den Urteilen Bachmann (Randnr. 28) und Kommission/Belgien (Randnr. 20) geführt hat, die Kohärenz der Steuerregelung durch weniger einschneidende oder die Niederlassungsfreiheit weniger beeinträchtigende Maßnahmen erreicht werden, die sich speziell auf das Risiko eines endgültigen Wegzugs des Steuerpflichtigen beziehen und alle Typen der Aktienübertragung erfassen, die das gleiche objektive Risiko mit sich bringen. Sie könnten etwa in einer Regelung bestehen, die eine Kaution oder sonstige Garantien verlangt, um im Fall eines endgültigen Wegzugs des Übertragenden in das Ausland die Steuerzahlung zu gewährleisten."

In *Manninen* spielte die Verhältnismäßigkeit ebenfalls eine bedeutende Rolle[176]: „Das mit der finnischen Steuerregelung verfolgte Ziel, das in der Beseitigung der Doppelbesteuerung der in Form von Dividenden ausgeschütteten Gewinne

---

[174] EuGH v 13.12.2005, C-446/03, *Marks & Spencer* Rn 57.
[175] EuGH v 21.11.2002, C-436/00, *X und Y* Rn 58 und 59.
[176] EuGH v 7.9.2004, C-319/02, *Manninen* Rn 48.

besteht, kann dadurch erreicht werden, dass die Steuergutschrift auch für Gewinne gewährt wird, die auf diese Weise von schwedischen Gesellschaften an in Finnland unbeschränkt steuerpflichtige Personen ausgeschüttet werden."

VI. Unterschiedlicher Prüfungsmaßstab des EuGH auf dem Gebiet der direkten Steuern?

1. Die anwendbaren Grundfreiheiten

Vor dem Hintergrund der geschilderten Rechtsprechung soll nun überlegt werden, ob der EuGH auf dem Gebiet der direkten Steuern einen anderen Prüfungsmaßstab anlegt als in anderen Rechtsgebieten. Im Vordergrund soll dabei die Frage stehen, wie der EuGH die ihm verbleibenden Spielräume ausfüllt.

Der EG-Vertrag hätte dem EuGH jedenfalls die Möglichkeit gegeben, im Anwendungsbereich zumindest einer Grundfreiheit – nämlich der Kapitalverkehrsfreiheit – einen weniger strengen Maßstab anzulegen. Art 58 Abs 1 lit a EG nimmt ausdrücklich auf das Steuerrecht Bezug und erlaubt, nach dem Wohn- oder Kapitalanlageort zu differenzieren, sofern es sich nicht um willkürliche Beschränkungen handelt. Der EuGH hätte dies ohne Weiteres – also ohne sich mit den gängigen Auslegungsmethoden in Widerspruch zu setzen – zum Anlass nehmen können, seine Rechtsprechung zur Kapitalverkehrsfreiheit zurückzunehmen. Dies hat er allerdings nicht getan, sondern den geänderten Wortlaut als Bestätigung seiner bisherigen Judikatur verstanden, und der Änderung des Wortlauts im Ergebnis die normative Bedeutung genommen[177].

Die meisten Fälle, die der EuGH auf dem Gebiet der direkten Steuern entschieden hatte, haben sich im Anwendungsbereich anderer Grundfreiheiten abgespielt. Gerade zuletzt hat allerdings die Kapitalverkehrsfreiheit stärkere Bedeutung erlangt. Von größerer Bedeutung könnte die Beibehaltung des Prüfungs-

---

[177] Kritisch zB P. *Fischer*, FR 2005, 460.

maßstabs aber dann werden, wenn der EuGH gezwungen sein wird, über den Anwendungsbereich der Kapitalverkehrsfreiheit im Verhältnis zu Drittstaaten zu entscheiden. Dass die Kapitalverkehrsfreiheit auch im Verhältnis zu nicht der EU angehörenden Staaten eine Rolle spielen kann, wird nicht zu bestreiten sein. Ob der EuGH allerdings auch denselben Maßstab anlegen wird, bleibt abzuwarten. In *Manninen* hat der EuGH jedenfalls bereits angedeutet, dass der Maßstab gröber werden könnte, was sich dogmatisch gut begründen ließe[178].

2. Vergleichbarkeit der Situation

Auf Ebene der Vergleichbarkeitsprüfung ist festzustellen, dass sich die steuerrechtliche Rechtsprechung dadurch auszeichnet, konkrete Vergleichspaare zu identifizieren und die Grundfreiheiten im Regelfall nicht als bloß pauschales Beschränkungsverbot versteht. Dahinter steht nicht nur ein höherer Begründungsaufwand, der zwar aus rechtsstaatlichen Gründen zu begrüßen ist, aber noch nicht unbedingt das Ergebnis der Rechtsprechung beeinflusst. Geht man nämlich davon aus, dass sich auch die im Rahmen eines Verständnisses der Grundfreiheiten als Beschränkungsverbot entschiedenen Fälle in vergleichbare Situationen auflösen lassen, bedeutet dies, dass die möglichen Vergleichssituationen vielfältiger sind und nicht bloß den Vergleich von Ansässigen mit Nichtansässigen oder Inlandssachverhalten mit Auslandssachverhalten betreffen müssen. Die auf dem Gebiet des Steuerrechts ergangene Rechtsprechung ist dem gegenüber viel zurückhaltender, da sie sich auf wenige Vergleichspaare beschränkt.

Im Kern der Rechtsprechung steht nach wie vor die unterschiedliche Behandlung von Ansässigen und Nicht-Ansässigen. Von entscheidender Bedeutung ist

---

[178] So *Schön*, in Gocke/Gosch/Lang (Hrsg) Festschrift Wassermeyer, 490 ff.

in diesem Fall, dass der EuGH den Schritt gegangen ist, die dem Wortlaut nach auf die Staatsangehörigkeit abstellenden Regelungen des EG-Vertrags so zu interpretieren, dass sie auch geeignet sind, die unterschiedliche Behandlung Nichtansässiger dem Rechtfertigungserfordernis zu unterwerfen. Dies ist nicht selbstverständlich, zumal viele nationale Gerichte bei der Auslegung des in den DBA enthaltenen Staatsangehörigendiskriminierungsverbots einen anderen, deutlich restriktiveren Weg gegangen sind[179]. Ein formales Verständnis der Staatsangehörigkeit hätte aber dazu führen können, dass die Grundfreiheiten kaum Bedeutung erlangt hätten, da die meisten Steuerrechtsordnungen nicht nach der Staatsangehörigkeit, sondern nach der Ansässigkeit differenzieren. Der EuGH hat diese Rechtsprechung, nach der auch eine Differenzierung nach der Ansässigkeit einen Verstoß gegen die Grundfreiheiten herbeiführen kann, zwar nicht auf das Steuerrecht beschränkt[180], allerdings existieren Materien, in denen der EuGH weniger streng ist[181].

---

[179] Vgl zB. VfGH 22.6.1967, B 25/67; VfGH 15.3.1990, B 758/88; VfGH 16.6.1995, G 191/94; VwGH 1.12.1967, 1367/67; VwGH 18.12.1967, 1270/67; VwGH 24.1.1996, 92/13/0306; BFH 8.7.1969, BStBl II, 1969, 466; BFH 4.6.1975, BStBl II, 1975, 708; BFH 18.12.1981, BStBl II 1982, 256.

[180] EuGH v 25.6.1997, C-131/96, *Romero*; EuGH v 3.5.1990, C-2/89, *Kits van Heijningen*; EuGH v 15.1.1986, Rs 41/84, *Pinna*; EuGH v 30.1.1997, C-4/95, C-5/95, *Stöber und Pereira*.

[181] So hatte der EuGH hinsichtlich einer Kfz-Zulassung einen Fall zu entscheiden, bei dem ein Ehepaar im Zuge einer Übersiedlung von Deutschland nach Österreich je einen PKW mitbrachte und anlässlich der Übersiedlung in Österreich die Zulassung der Fahrzeuge zu beantragen hatte. Nachdem die Zulassung erfolgt war, wurde ihnen die NoVA auferlegt. In dieser Rechtssache *Weigel und Weigel* (EuGH v 29.4.2004, C-387/01, Weigel *und* Weigel Rn 39) wurde die Frage vorgelegt, ob Artikel 39 EG (Freizügigkeit der Arbeitnehmer) oder Artikel 12 EG (Diskriminierungen aufgrund der Staatsangehörigkeit) dahin auszulegen sind, dass es einen Verstoß gegen diese Vorschriften darstellt, wenn für ein anlässlich einer durch einen Arbeitsplatzwechsel bedingten Übersiedlung aus dem übrigen Gemeinschaftsgebiet in das Gebiet der Republik Österreich mitgebrachtes Kraftfahrzeug Normverbrauchsabgabe (Grundabgabe und Zuschlag) vorgeschrieben wird. Der EuGH führte aus, dass Artikel 39 EG auch solche nationale Regelungen untersagt, die zwar unabhängig von der Staatsangehörigkeit der betroffenen Arbeitnehmer anwendbar sind, jedoch deren Freizügigkeit beeinträchtigen und die Gemeinschaftsangehörigen benachteiligen könnten, wenn sie eine Erwerbstätigkeit in einem anderen Mitgliedstaat ausüben wollen (EuGH v 29.4.2004, C-387/01, *Weigel und Weigel* Rn 50 ff). Die fragliche Regelung findet zwar unabhängig von der Staatsangehörigkeit des betroffenen Arbeitnehmers auf jeden Anwendung, der die Zulassung eines Kraftfahrzeugs in Österreich beantragt, und ist daher unterschiedslos anwendbar, jedoch könnte sie Wanderar-

Andererseits hat der EuGH in seiner – in vielfacher Hinsicht allerdings kritik-
würdigen – *Schumacker*-Rechtsprechung für natürliche Personen in weiten Be-

beitnehmer davon abhalten, von ihrem Recht auf Freizügigkeit Gebrauch zu machen (EuGH v 29.4.2004, C-387/01, *Weigel und Weigel* Rn 53 f). Dann stellte der EuGH fest, dass der Vertrag jedoch einem Erwerbstätigen nicht garantiert, dass die Verlagerung seiner Tätigkeiten in einen anderen Mitgliedstaat als denjenigen, in dem er bis dahin wohnte, hinsichtlich der Besteuerung neutral ist (EuGH v 29.4.2004, C-387/01, *Weigel und Weigel* Rn 55). Der EuGH kam zu dem Ergebnis, dass die Artikel 39 EG und 12 EG dem nicht entgegenstehen, dass einer Privatperson aus einem Mitgliedstaat, die sich aufgrund eines Arbeitsplatzwechsels in einem anderen Mitgliedstaat niederlässt und dabei ihr Kraftfahrzeug in den letztgenannten Staat einführt, eine Verbrauchsteuer wie die im Ausgangsverfahren streitige NoV-Grundabgabe auferlegt wird (EuGH v 29.4.2004, C-387/01, Weigel und Weigel Rn 60). Im Zusammenhang mit einem Grunderwerb hatte der EuGH im Fall *Konle* (EuGH v 1.6.1999, C-302/97, *Konle*) eine Regelung zu beurteilen, wonach nur österreichische Staatsangehörige davon befreit sind, eine Genehmigung für den Erwerb eines bebauten Grundstücks zu beantragen und zu diesem Zweck nachweisen zu müssen, dass der beabsichtige Erwerb nicht der Schaffung eines Freizeitwohnsitzes dient. Der Gerichtshof hat im Zuge dieses Urteils festgestellt, dass ein System der vorherigen Genehmigung im Bereich des Eigentumserwerbs nicht notwendigerweise gegen das Gemeinschaftsrecht verstößt (EuGH v 1.6.1999, C-302/97, *Konle* Rn 45). Der EuGH hat besagte Reglung nicht als der Kapitalverkehrsfreiheit entgegenstehend angesehen, da sie auf Grund der Beitrittsakte zulässig ist (siehe EuGH v 1.6.1999, C-302/97, *Konle* Rn 3, 49 ff). Unter Bezugnahme darauf, dass der EuGH bei Baugrundstücken Beschränkungen der Kapitalverkehrsfreiheit zu raumplanerischen Zwecken für zulässig erachtet hat, wurde im Fall *Ospelt* die Frage vorgelegt, ob Beschränkungen der Kapitalverkehrsfreiheit auch durch Ziele gerechtfertigt werden könnten, die mit einem im Interesse des Landwirtschaftssektors eingeführten und land- und forstwirtschaftliche Grundstücke betreffenden System vorheriger Genehmigungen angestrebt würden (EuGH v 23.9.2003, C-452/01, *Ospelt* Rn 21). Der EuGH führte aus, dass das Wohnsitzerfordernis im Rahmen einer gesetzlichen Regelung über das Eigentum an landwirtschaftlichen Grundstücken aufgestellt wurde, mit der spezifische Ziele der Erhaltung einer landwirtschaftlichen Bevölkerung und lebensfähiger landwirtschaftlicher Betriebe verfolgt werden, und dass dabei nicht zwischen Inländern und Staatsangehörigen anderer Mitgliedstaaten unterschieden wird und somit diese Reglung a priori keinen diskriminierenden Charakter hat (EuGH v 23.9.2003, C-452/01, *Ospelt* Rn 37). Weiters führte der EuGH aus, dass mit dieser Regelung im Allgemeininteresse liegende Ziele verfolgt werden, mit denen Beschränkungen des freien Kapitalverkehrs gerechtfertigt werden können (EuGH v 23.9.2003, C-452/01, *Ospelt* Rn 38 ff). Bezüglich der Verhältnismäßigkeit stellte der EuGH fest, dass ein System vorheriger Genehmigungen in bestimmten Fällen erforderlich sein und in angemessenem Verhältnis zu den verfolgten Zielen stehen kann, wenn diese Ziele nicht durch weniger restriktive Maßnahmen, namentlich durch ein Meldesystem, erreicht werden können (EuGH v 23.9.2003, C-452/01, *Ospelt* Rn 41 ff). Da der gewählte Mechanismus der vorherigen Genehmigung in seinen Modalitäten und inhaltlichen Voraussetzungen nicht über das hinausgehen darf, was zur Erreichung des verfolgten Zieles erforderlich ist (EuGH v 23.9.2003, C-452/01, *Ospelt* Rn 46), entspricht die genannte Regelung diesen Anforderungen nicht vollständig, da der Erwerb auch dann nicht genehmigt wurde, wenn zwar nicht der Erwerber selbst eine landwirtschaftlichen Betrieb führt, sich aber verpflichtet hat, die Bedingungen der Bewirtschaftung des Grundstücks durch den bereits damit betrauten Pächter beizubehalten (EuGH v 23.9.2003, C-452/01, *Ospelt* Rn 49 ff).

reichen pauschal – und ohne jede Bezugnahme auf das zu untersuchende nationale Recht – erklärt, dass sich Ansässige und Nicht-Ansässige ohnehin nicht in vergleichbarer Situation befinden[182]. Auf diese Weise hat er eine Fülle von nationalen Regelungen von den Anforderungen seiner sonstigen Rechtsprechung de facto ausgenommen.

Zurückhaltung hat der EuGH auch insoweit gezeigt, als er seine Formel, wonach eine unzulässige Diskriminierung auch bei Gleichbehandlung unterschiedlicher Situationen denkbar ist, bisher noch nicht mit Leben erfüllt. Die Rechtssache *van Hilten – van der Heijden* hätte zumindest bereits dem Generalanwalt die Möglichkeit gegeben, diese Fallkonstellationen des niederländischen Steuerrechts, wonach Staatsangehörige, die vor bis zu zehn Jahren ihre Ansässigkeit aufgegeben haben, dennoch als unbeschränkt Steuerpflichtig behandelt werden, aufzugreifen, der das allerdings nicht einmal in Erwägung gezogen hat.

In letzter Zeit hat der EuGH auf dem Gebiet des Steuerrechts seine Rechtsprechung insoweit grobmaschiger gestaltet, als er die Vergleichbarkeit rechtlicher Situationen nicht mehr ohne Weiteres angenommen hat, sondern in *D., Schempp* und *Blanckaert* verneint hat[183]. Der EuGH hat dazu den Kreis der als zusammen hängend erachteten Regelungen weiter gezogen, was nahe liegender Weise tendenziell die Vergleichbarkeit ausschließt.

---

[182] Siehe *Lüdicke*, IStR 1996, 111; *Lüdicke*, in Schön (Hrsg) Gedächtnisschrift Knobbe-Keuk 651; f; *Avery-Jones*, ET 2000, 376; *Wattel*, ET 2000, 222; *Cordewener*, Europäische Grundfreiheiten und nationales Steuerrecht, 497; *Schnitger*, IStR 2002, 479; *Valat*, ET 2002, 448; *Mössner*, in Gassner/Lang/Lechner (Hrsg) Arbeitnehmer im Recht der Doppelbesteuerungsabkommen, 27 ff; *Schnitger*, FR 2003, 753; *Hahn*, IStR 2003, 66; *Mattson*, ET 2003, 193; *Schwarz*, Personal Taxation under the European Court of Justice Microscope, Bulletin 2004, 546 (549); *Lang*, RIW 2005, 336.
[183] EuGH v 5.7.2005, C-376/03, *D.* Rn 38; EuGH v 12.7.2005, C-403/03, *Schempp* Rn 35; EuGH v 8.9.2005, C-512/03, *Blanckaert* Rn 50.

3.   Rechtfertigungsgründe

Auf Rechtfertigungsebene hat der EuGH einerseits mit dem „Entfall von Steuereinnahmen" einen Rechtfertigungsgrund, den er im Sozialversicherungsrecht zB
unter der Bezeichnung „Gefährdung des finanziellen Gleichgewichts des Systems der sozialen Sicherheit" akzeptiert hat[184], in ständiger Rechtsprechung zurück gewiesen[185]. Allerdings liegt gerade in diesem Zusammenhang der Ver-
dacht nahe, es würde sich bloß um Lippenbekenntnisse handeln, die die Entscheidungen nicht tatsächlich beeinflussen: Wenn Fragestellungen an ihn herangetragen wurden, die auch in Hinblick auf das mit ihnen verbundene Steueraufkommen Brisanz hatten, hat der EuGH nunmehr schon wiederholt Spannungs-
verhältnisse oder gar Widersprüche mit seiner sonstigen Rechtsprechung in
Kauf genommen, mit dem offensichtlichen Bemühen, zu einem auch für die Regierung der Mitgliedstaaten erträglichen Ergebnis zu gelangen[186].

Andere Rechtfertigungsgründe haben wiederum ausschließlich oder überwie-
gend im Steuerrecht Bedeutung: Das Erfordernis einer wirksamen steuerlichen
Kontrolle wurde zwar als Rechtfertigungsgrund außerhalb des Steuerrechts geprägt[187], dann aber durch die Rechtsprechung des EuGH zu den direkten Steuern
weiter entwickelt und entfaltet[188]. Allzu große Bedeutung hat dieser Rechtferti-

---

[184] EuGH v 12.7.2001, C-157/99, *Geraets-Smits und Peerbooms*.

[185] EuGH v 16.7.1998, C-264/96, *ICI* Rn 28; EuGH v 6.6.2000, C-35/98, *Verkooijen* Rn 59;
EuGH v 8.3.2001, C-397/98 und C-410/98, *Metallgesellschaft* Rn 59; EuGH v 3.10.2002, C-
136/00, *Danner* Rn 56; EuGH v 21.11.2002, C-436/00, *X und Y* Rn 50; EuGH v 12.12.2002,
C-324/00, *Lankhorst/Hohorst* Rn 36; EuGH v 18.9.2003, C-168/01, *Bosal Holding* Rn 42;
EuGH v 11.3.2004, C-9/02, *de Lasteyrie du Saillant* Rn 60; EuGH v 15.7.2004, C-315/02,
Lenz Rn 40; EuGH v 7.9.2004, C-319/02, *Manninen* Rn 49;

[186] Vgl Lang, ET 2006, 66.

[187] EuGH v 20.2.1979, C-120/78, *Rewe Zentral AG* Rn 8.

[188] EuGH v 28.1.1992, C-204/90, *Bachmann* Rn 18; EuGH v 12.4.1994, C-1/93, *Halliburton*
RnEuGH v 17.10.1996, C-283/94, C-291/94 und C-292/94, *Denkavit* Rn 31; EuGH v
15.5.1997, C-250/95, *Futura Participations* Rn 31; EuGH v 8.7.1999, C-254/97, *Baxter* Rn
18; EuGH v 28.10.1999, C-55/98, *Bent Vestergaard* Rn 25; EuGH v 3.10.2002, C-136/00,

gungsgrund aber bisher noch nicht erlangt, da der EuGH diesem Argument regelmäßig den Verweis auf die Amtshilferichtlinie und – zuletzt verstärkt – auf die Mitwirkungspflicht des Steuerpflichtigen entgegenhält und die Gelegenheit nutzt, gegenüber den Regierungen die Amtshilfe-Richtlinie in Erinnerung zu rufen[189].

Die Gefahr der Steuerflucht oder der Steuerhinterziehung hat der EuGH – nach anfänglicher Ablehnung[190] – ebenfalls als Rechtfertigungsgrund akzeptiert[191]. Der EuGH hat in seiner älteren Rechtsprechung regelmäßig darauf hingewiesen, dass unter Berufung auf dieses Argument „bloß künstlichen Konstruktionen" die Anerkennung versagt werden kann. In letzter Zeit hat er sich hier allerdings gegenüber den Mitgliedstaaten großzügiger erwiesen, wie insbesondere das Urteil *Marks & Spencer* deutlich zeigt[192]. Außerhalb des Steuerrechts gibt es Materien wie das Medienrecht, in denen der EuGH den Mitgliedstaaten noch größere Spielräume einräumt, differenzierende Regelungen mit dem Argument der Missbrauchsbekämpfung zu rechtfertigen.[193] Andererseits ist der EuGH auf dem

---

Danner Rn 50;EuGH v 10.3.2005, C-39/04, EuGH v 21.11.2002, C-436/00, *X und Y* Rn 60; EuGH v 12.12.2002, C-324/00, *Lankhorst/Hohorst* Rn 43; EuGH v 25.6.2003, C-422/01, *Skandia* Rn 42; EuGH v 4.3.2004, C-334/02, *Fixed Levy* Rn 31; EuGH v 15.7.2004, C-315/02, *Lenz* Rn 46; EuGH v 10.3.2005, C-39/04, *Laboratoires Fournier* Rn 24; EuGH v 13.12.2005, C- 446/03, *Marks & Spencer* Rn 47.

[189] EuGH v 28.1.1992, C-204/90, *Bachmann* Rn 18; EuGH v 12.4.1994, C-1/93, *Halliburton* RnEuGH v 28.10.1999, C-55/98, *Bent Vestergaard* Rn 26; EuGH v 3.10.2002, C-136/00, *Danner* Rn 51; EuGH v 25.6.2003, C-422/01, *Skandia* Rn 42; EuGH v 4.3.2004, C-334/02, *Fixed Levy* Rn 31.

[190] EuGH v 28.1.1986, 270/83, *Avoir Fiscal* Rn 25.

[191] EuGH v 4.3.2004, C-334/02, *Fixed Levy* Rn 27; EuGH v 13.12.2005, C-446/03, *Marks & Spencer* Rn 49; Das Argument der Steuerflucht und Steuerumgehung wurde in einigen Fällen zwar nicht schlagend, der EuGH hat aber im Ergebnis ausgesprochen, dass es als Rechtfertigungsgrund herangezogen werden kann, vgl zB EuGH v 17.7.1997, C-28/95, *Leur-Bloem* Rn 38 ff; EuGH v 16.7.1998, C-264/96, *ICI* Rn 26; EuGH v 8.3.2001, C-397/98 und C-410/98, *Metallgesellschaft* Rn 57; EuGH v 3.10.2002, C-136/00, *Danner* Rn 44 ff; EuGH v 21.11.2002, C-436/00, *X und Y* Rn 61 ff; EuGH v 12.12.2002, C-324/00, *Lankorst-Hohorst* Rn 37; EuGH v 11.4.2004, C-9/02, *de Lasteyrie du Saillant* Rn 50.

[192] EuGH v 13.12.2005, C-446/03, *Marks & Spencer* Rn 49.

[193] EuGH v 3.2.1993, C-148/91, *Veronica Omroep Organisatie;* EuGH v 5.10.1994, C-23/93, *TV 10 SA.*

Gebiet der Buchpreisbindung, der Ausbildungsförderung, der Währungsanglei-
chungsbeträge bei der Käseausfuhr oder im Gesellschaftsrecht mindestens so
restriktiv wie im Steuerrecht, wenn nicht noch restriktiver, was den Spielraum
nationalen Rechts zur Bekämpfung von Missbräuchen anlangt.[194]

Die größte Bedeutung hat auf dem Gebiet der direkten Steuern die Kohärenz
erlangt: Unter diesem Rechtfertigungsgrund sucht der EuGH – nochmals – nach
Vorschriften des nationalen Rechts, die mit der die Benachteiligung auslösenden
Regelung in hinreichend engem Zusammenhang stehen. An sich könnte der
EuGH diese Überlegungen bereits bei der Vergleichbarkeitsprüfung anstellen
können, was er in letzter Zeit auch stärker macht[195]. Hintergrund dieser geänderten Vorgangsweise dürfte sein, dass der Gerichtshof vermeidet offen zu legen,
dass er seine Rechtsprechung stillschweigend geändert hat: Früher hat er die
Vergleichbarkeit der rechtlichen Situation meist ohne langwierige Überlegungen
bejaht, und dann bei der Kohärenzprüfung nur wenige, in äußerst engem Zusammenhang stehende, Regelungen miteinbezogen. Nun betrachtet er schon bei
der Vergleichbarkeitsprüfung einen viel größeren Kreis von Regelungen als zu-
sammenhängend, was nahe liegender Weise dazu führt, dass schon die Vergleichbarkeit viel häufiger verneint wird und die Rechtfertigungsprüfung gar
nicht mehr vorgenommen wird.

---

[194] EuGH v 3.12.1974, C-33/74, *Binsbergen;* EuGH v 7.2.1979, C-115/78, *Knoors;* EuGH v
3.3.1993, C-8/92, *General Milk Products GmbH;* EuGH v 9.3.1999. C-212/97, *Centros;*
EuGH v 30.11.2003, C-167/01, *Inspire Art.*
[195] EuGH v 12.7.2005, C-403/03, *Schempp* Rn 35; siehe auch Schlussantrag GA *Geelhoed* v
27.1.2004, C-403/03, *Schempp* Rn 26 ff; Schlussantrag GA *Stix-Hackl* v 12. 5. 2005, C-
512/03, *Blanckaert* Rn 62; ausführlich dazu *Lang/Jettmar,* IWB 2005 Gruppe 2, 696; *Lang,
Das EuGH-Urteil in der Rechtsache Schempp – Wächst der steuerpolitische Spielraum der
Mitgliedstaaten?,* SWI 2005 411 (414); siehe auch *Kofler,* Schempp: Zulässigkeit eines grenz-
und personenübergreifenden Korrespondenzprinzips bei Unterhaltszahlungen, ÖStZ 2005,
538 (540); *Panayi, The Schempp* Case: EU Citizenship, Rights and Taxes – A New Leaf in
ECJ Jurisprudence or just a Fig Leaf?, ET 2005, 482 (486).

Die Kohärenz ist letztlich auch nicht selbst eigentlicher Rechtfertigungsgrund, sondern eine Sammelbezeichnung für eine Fülle von Rechtfertigungsgründen, denen gemeinsam ist, dass es sich um Zielsetzungen handelt, die aus dem nationalen Recht gewonnen werden. Der EuGH hat damit die Büchse der Pandora geöffnet und die Grundlage geschaffen, Rechtfertigungsgründe beliebiger Art und Zahl zuzulassen. Jedes Ziel einer nationalen Regelung kommt in Betracht, sofern es „berechtigt" und „mit dem EG-Vertrag zu vereinbaren" ist[196]. Dies ist nicht nur der Formulierung nach eine Art Beweislastumkehr, sondern auch der Sache nach: Der EuGH lehnt somit eine dem nationalen Recht entnommene Zielsetzung als Rechtfertigungsgrund nur dann ab, wenn er sie nicht für „berechtigt" hält – damit ist offenbar eine Nachprüfung gemeint, ob die durch die Regierung vorgebrachte Zielsetzung tatsächlich den nationalen Normen entnommen werden kann –, oder wenn sie nicht mit dem EG-Vertrag zu vereinbaren ist. Bisher hat der EuGH unter dem Titel der Kohärenz das Ziel der Vermeidung der Doppelbesteuerung und die Durchsetzung einer Einmalbesteuerung anerkannt[197].

4. Verhältnismäßigkeitsprüfung

Die Verhältnismäßigkeitsprüfung hat auf dem Gebiet der direkten Steuern noch nicht die zentrale Bedeutung erlangt, die sie auf anderen Gebieten schon hat, was aber vor allem darin liegen könnte, dass der EuGH in vielen ihm vorgelegten Fällen schon gar keine Rechtfertigung für eine differenzierende Regelung gesehen hat. In den Bereichen, in denen die Verhältnismäßigkeitsprüfung Bedeutung erlangt hat, hat der EuGH aber seine eigene Formel, wonach die gesetz-

---

[196] EuGH v 15.5.1997, C-250/95, *Futura Participations* Rn 26; EuGH v 11.4.2004, C-9/02, *de Lasteyrie du Saillant* Rn 49; EuGH v 13.12.2005, C-446/03, *Marks & Spencer* Rn 35.
[197] Vgl EuGH v 28.1.1992, C-204/90, *Bachmann* Rn 21; Schlussantrag GA *Kokott* v 18.3.2004, *Manninen* Rn 51.

geberische Maßnahme „nicht über das hinausgehen [darf], was hierzu erforderlich ist", nicht immer ernst genommen. Spektakuläres und aktuelles Beispiel ist das Urteil *Marks & Spencer*, in der sich der EuGH damit begnügt hat, dass der Verlust im anderen Staat irgendwann – und wenn auch Jahre später – verwertet werden kann, und die weniger einschneidende Maßnahme – sofortiger Verlustabzug mit Nachversteuerung – gar nicht mehr erwogen hat[198].

Aber auch auf anderen Gebieten hat der EuGH die Verhältnismäßigkeitsprüfung eher grob- als engmaschiger gestaltet: Im Zusammenhang mit einer wirksamen steuerlichen Kontrolle verweist er zuletzt öfter darauf, dass dem Steuerpflichtigen Mitwirkungspflichten auferlegt werden können[199], während er in seiner früheren Rechtsprechung noch betont hat, dass in erster Linie die Amtshilfe-Richtlinie heranzuziehen ist[200]. Auch in Hinblick auf den Rechtfertigungsgrund der Gefahr der Steuerflucht hat der EuGH zunächst nur Maßnahmen für geeignet gehalten, die auf bloß künstliche Konstruktionen abzielen[201], während er diese Rechtsprechung zuletzt sukzessive gelockert hat[202].

Besonders gravierend wirkt sich allerdings die jüngere Judikatur aus, in der der EuGH einen guten Teil seiner bisherigen Kohärenzüberlegungen auf die Vergleichbarkeitsebene vorverlagert hat: Solange der EuGH die Kohärenz auf Rechtfertigungsebene geprüft hat, hat es seiner Rechtsprechung dann auch ent-

---

[198] EuGH v 13.12.2005, C-446/03, *Marks & Spencer* Rn 54; ausfürlich dazu *Petritz/Schilcher*, Marks & Spencer: EuGH zur grenzüberschreitenden Verlustverwertung im Konzern, Ecolex 2006, in Druck; *Lang, ET* 2005, 54.

[199] EuGH v 28.10.1999, C-55/98, *Bent Vestergaard* Rn 26; EuGH v 3.10.2002, C-136/00, *Danner* Rn 49; EuGH v 26.9.2000, C-478/98, *Kommission/Belgien* Rn 39 EuGH v 25.6.2003, C-422/01, *Skandia* Rn 42 – 43; EuGH v 10.3.2005, C-39/04, *Laboratoires Fournier* Rn 24.

[200] EuGH v 28.1.1992, C-204/90, *Bachmann* Rn 18; EuGH v 15.5.1997, C-250/95, *Futura Participations* Rn 41.

[201] EuGH v 16.7.1998, C-264/96, *ICI* Rn 26; EuHG v 21.11.2002, *X und Y* Rn 60 ; EuGH 12.12.2002, C-324/00, *Lankhorst/Hohorst* Rn 37 ; EuGH v 11.3.2004, C-9/02, *de Lasteyrie du Saillant* Rn 50.

[202] Zuletzt EuGH v 13.12.2005, C-446/03, *Marks & Spencer* Rn 57.

sprochen, danach zu fragen, ob die solcher Art gerechtfertigte Differenzierung auch verhältnismäßig ist. Verneint der EuGH aber bereits die Vergleichbarkeit, endet die Prüfung und die nationale Vorschrift wird als grundfreiheitenkonform erklärt. Der Überlegung, ob es auch gerechtfertigt – und letztlich verhältnismäßig ist – bei einer zwar nicht gleichartigen, aber auch nicht völlig unterschiedlichen rechtlichen Situation völlig unterschiedliche Rechtsfolgen vorzusehen[203], hat sich der EuGH bisher nicht gestellt. Somit ist mit der Verlagerung der Kohärenz auf die Ebene der Vergleichbarkeit letztlich eine erhebliche Lockerung des Prüfungsmaßstabs verbunden.

---

[203] Zutreffend *Lyal*, EC Tax Review 2003, 68 ff; so auch *Lang*, SWI 2005, 412 ff.

VII. Würdigung

Die hier vorgenommene Analyse hat somit gezeigt, dass die Rechtsprechung des EuGH auf dem Gebiet der direkten Steuern zwar ihre Besonderheiten aufweist, dass diese Besonderheiten aber keine eindeutigen Schlussfolgerungen dahin gehend zulassen, ob der Prüfungsmaßstab auf dem Gebiet der direkten Steuern strenger oder weniger streng ist. Vielmehr weisen manche Besonderheiten eher in die eine Richtung, manche in die andere. Tendenziell könnte der EuGH jedenfalls auf dem Gebiet der direkten Steuern noch einen deutlich strengeren Maßstab anlegen, ohne dass dies zu dogmatischen Brüchen mit seiner sonst bestehenden Rechtsprechung führen würde.

Die Analyse hat aber auch gezeigt, dass es schwierig ist, von Rechtsprechungstendenzen auf dem Gebiet der direkten Steuern *schlechthin* zu reden. Über die Zeitachse hat es eine Fülle von Veränderungen gegeben, die insbesondere in letzter Zeit dazu geführt haben, dass der Prüfungsmaßstab lockerer geworden ist. Der Umstand, dass früher fast alle Fälle „zugunsten" der Steuerpflichtigen entschieden wurden, während sich dies in letzter Zeit geändert hat, ist dabei nur wenig aussagekräftig. Schließlich hat es der EuGH nicht in der Hand, welche Rechtsfragen ihm vorgelegt werden. Die nationalen Gerichte haben die längste Zeit überhaupt keine steuerrechtlichen Fragestellungen vorgelegt, und dann nur solche, bei denen die Gemeinschaftsrechtswidrigkeit geradezu mit Händen zu greifen war. Erst in letzter Zeit hat die Kommission begonnen, verstärkt von sich aus „verdächtige" Regelungen aufzugreifen und an den EuGH heran zu tragen und auch die nationalen Gerichte sind dazu übergegangen, auch Regelungen vorzulegen, die nicht das Kainsmal der Gemeinschaftsrechtswidrigkeit bereits auf der Stirn tragen. Dadurch ist auch die Zahl der Fälle größer geworden, in den sich – auch bei gleich bleibender Rechtsprechung – die gemeinschaftsrechtlichen Bedenken nicht bestätigen. Allerdings zeigt der hier angestellte Vergleich, dass der Unterschied vor allem in zahlreichen gar nicht so leicht festzustellenden Details der Begründung liegen, die Widersprüche hervorrufen.

Diese Entwicklung läuft zeitlich parallel mit Tendenzen aus dem Bereich der Politik, die der Rechtsprechung des EuGH – nicht bloß auf dem Gebiet des Steuerrechts – immer kritischer gegenüber stehen und mehr oder weniger offen „Disziplinierungsmaßnahmen" andeuten. Rechtswissenschaftlich lässt sich ein Zusammenhang nicht belegen. Andererseits lässt sich auch nicht ohne Weiteres ein – anderes – Erklärungsmuster dafür finden, warum der EuGH den Prüfungsmaßstab vergröbert.

Der Vorwurf, der EuGH würde Zuständigkeiten in Anspruch nehmen, die ihm nicht zustehen, ist jedenfalls begründet und unbegründet in gleicher Weise. Sicherlich werden sich die Väter der Römer Verträge nicht ausgemalt haben, dass der EuGH einmal zu einem steuerpolitischen Faktor in Europa werden würde. Genauso wenig haben allerdings die Verfasser des Staatsgrundgesetz 1867 erwartet, welche große Bedeutung der Gleichheitsgrundsatz in der Rechtsprechung des VfGH erlangen wird und dass er sogar einmal den Gesetzgeber binden könnte[204]. Ähnliche Beispiele lassen sich für Höchstgerichte in aller Welt finden. Der Unterschied besteht bloß darin, dass die EuGH-Rechtsprechung derartige Phänomene in deutlich kürzerer Zeit zu Tage gebracht hat. Die Begründung einer (höchst-)gerichtlichen Zuständigkeit führt eben dazu, dass das Gericht auch seine Zuständigkeiten in Anspruch nimmt, und meist in extensiverem Ausmaß als dies von ihm erwartet wurde. Warum hätte dies im Fall des EuGH anders sein sollen?

---

[204] Zur Entwicklung des Gleichheitssatzes siehe *Korinek/Holoubek*, in Gassner/Lechner (Hrsg) Steuerbilanzreform und Verfassungsrecht 73.

Literaturverzeichnis
Kommentare

Calliers/Ruffert, Kommentar zu EU-Vertrag und EG-Vertrag, 2. Auflage 2002.

Debatin/Wassermeyer (Hrsg) Doppelbesteuerung, Loseblatt 2005.

Grabitz/Hilf, Das Recht der Europäischen Union – Kommentar, Loseblatt Juni 2005.

Vogel/Lehner, DBA - Kommentar[4] (2003).

Von der Groeben/Schwarze, Vertrag über die Europäische Union und Vertrag zur Gründung der Europäischen Gemeinschaft – Kommentar, 6. Auflage 2003.

Richtlinien

Mutter-Tochter-Richtlinie 90/435/EWG vom 23.7.1990 idF der Richtlinie 2003/123/EG des Rates vom 22.12.2003.

Fusionsrichtlinie 90/434/EWG vom 23.7.1990 idF der Richtlinie 2005/19/EG des Rates vom 17.2.2005.

Zins/-Lizenzgebühren-Richtlinie 2003/49/EG vom 3.6.2003 idF vom 26.4.2004.

Zinsrichtlinie 2003/48/EG vom 3.6.2003 idF der Richtlinie 2004/66/EG des Rates vom 26.4.2004.

Amtshilferichtlinie 77/799/EWG vom 19.12.1977 idF der Richtlinie 2004/106/EG des Rates vom 16.11.2004.

Erste Richtlinie 67/227/EWG des Rates vom 11.4.1967 zur Harmonisierung der Rechtsvorschriften der Mitgliedstaaten über die Umsatzsteuer, Amtsblatt Nr. 071 vom 14/04/1967 S. 1301 – 1303.

EuGH Entscheidungen

EuGH v 12.7.1973, C-70/72, *Kommission/Deutschland*.

EuGH v 14.2.1974, C-152/73, *Sotgiu*.

EuGH v 2.7.1974, C-173/73, *Italien/Kommission*.

EuGH v 3.12.1974, C-33/74, *Binsbergen.*

EuGH v 7.2.1979, C-115/78, *Knoors.*

EuGH v 20.2.1979, C-120/78, *Rewe Zentral AG.*

EuGH v 17.6.1981, C-113/80, *Kommission/Irland.*

EuGH v 15.1.1986, Rs 41/84, *Pinna.*

EuGH v 28.1.1986, 270/83, *Avoir Fiscal.*

EuGH v 3.5.1990, C-2/89, *Kits van Heijningen.*

EuGH v 8.5.1990, C-175/88, *Biehl.*

EuGH v 28.1.1992, C-204/90, *Bachmann.*

EuGH v 28.1.1992, C-300/90, *Kommission/Belgien.*

EuGH v 9.7.1992, C-2/90, *Kommission/ Belgien.*

EuGH v 3.2.1993, C-148/91, *Veronica Omroep Organisatie.*

EuGH v 3.3.1993, C-8/92, *General Milk Products GmbH.*

EuGH v 9.3.1999. C-212/97, *Centros.*

EuGH v 31.3.1993, C-19/92, *Kraus.*

EuGH v 15.3.1994, C-387/92, *Banco de Crédito Industrial.*

EuGH v 12.4.1994, C-1/93, *Halliburton.*

EuGH v 5.10.1994, C-23/93, *TV 10 SA.*

EuGH v 14.2.1995, C-279/93, *Schumacker.*

EuGH v 11.8.1995, C-80/94, *Wielockx.*

EuGH v 14.11.1995, C-484/93, *Svensson Gustavsson.*

EuGH v 30.11.1995, C-55/94, *Gebhard.*

EuGH v 15.12.1995, C-415/93, *Bosman.*

EuGH v 6.6.1996, C-101/94, *Kommission/Italien.*

EuGH v 27.6.1996, C-107/94, *Asscher.*

EuGH v 30.1.1997, C-4/95, C-5/95, *Stöber und Pereira.*

EuGH v 15.5.1997, C-250/95, *Futura Participations.*

EuGH v 25.6.1997, C-131/96, *Romero.*

EuGH v 17.7.1997, C-28/95, *Leur-Bloem.*

EuGH v 28.4.1998, C-118/96, *Safir.*

EuGH v 28.4.1998, C-158/96, *Kohll.*

EuGH v 12.5.1998, C-336/96, *Gilly.*

EuGH v 16.7.1998, C-264/96, *ICI.*

EuGH v 29.4.1999, C-311/97, *Royal Bank of Scotland.*

EuGH v 1.6.1999, C-302/97, *Konle.*

EuGH v 8.7.1999, C-254/97, *Baxter.*

EuGH v 14.9.1999, C-391/97, *Gschwind.*

EuGH v 21.9.1999, C-307/97, *Saint Gobain.*

EuGH v 26.10.1999, C-294/97 *Eurowings.*

EuGH v 28.10.1999, C-55/98, *Bent Vestergaard.*

EuGH v 13.4.2000, C-251/98, *Baars.*

EuGH v 16.5.2000, C 83/98 P, *Ladbroke Racing Ltd.*

EuGH v 16.5.2000, C-89/99, *Zurstrassen.*

EuGH v 6.6.2000, C-35/98, *Verkooijen.*

EuGH v 19.9.2000, C-156/98, *Deutschland/Kommission.*

EuGH v 26.9.2000, C-478/98, *Kommission/Belgien.*

EuGH v 8.3.2001, C-397/98 und C-410/98, *Metallgesellschaft.*

EuGH v 12.7.2001, C-157/99, *Geraets-Smits und Peerbooms.*

EuGH v 12.9.2002, C-431/01, *Mertens.*

EuGH v 3.10.2002, C-136/00, *Danner.*

EuGH v 21.11.2002, C-436/00, *X und Y.*

EuGH v 12.12.2002, C-385/00, *De Groot.*

EuGH v 12.12.2002, C-324/00, *Lankhorst/Hohorst.*

EuGH v 12.6.2003, C-234/01 *Gerritse.*

EuGH v 25.6.2003, C-422/01, *Skandia.*

EuGH v 18.9.2003, C-168/01, *Bosal Holding.*

EuGH v 23.9.2003, C-452/01, *Ospelt.*

EuGH v 30.11.2003, C-167/01, *Inspire Art.*

EuGH v 4.3.2004, C-334/02, *Fixed Levy.*

EuGH v 11.3.2004, C-9/02, *de Lasteyrie du Saillant.*

EuGH v 29.4.2004, C-387/01, *Weigel und Weigel.*

EuGH v 1.7.2004, C-169/03, *Wallentin.*

EuGH v 15.7.2004, C-242/03, *Weidert und Paulus.*

EuGH v 15.7.2004, C-315/02, *Lenz.*

EuGH 7.9.2004, C-319/02, *Manninen.*

EuGH v 10.3.2005, C-39/04, *Laboratoires Fournier.*

EuGH v 5.7.2005, C-376/03, *D..*

EuGH v 12.7.2005, C-403/03, *Schempp.*

EuGH v. 8.9.2005, C-512/03, *Blanckaert.*

EuGH v 13.12.2005, C-446/03, *Marks & Spencer.*

EuGH v 23.2.2006, C-513/03, *van Hilten-van der Heijden.*

EuGH v 23.2.2006, C-253/03, *CLT-UFA-SA.*

EuGH v 23.2.2006, C-471/04, *Keller Holding GmbH.*

EuGH Schlussanträge

Schlussantrag GA Lenz v 20.9.1995, C-415/93, *Bosman.*

Schlussantrag GA La Pergola v 1.7.1997, C-85/96, *Sala.*

Schlussantrag GA La Pergola v 24.6.1999, C-35/98, *Verkooijen.*

Schlussantrag GA Geelhoed v 27.1.2004, C-403/03, *Schempp.*

Schlussantrag GA Kokott v 18.3.2004, C-319/02, *Manninen.*

Schlussantrag GA Léger v 1.3.2005, C-152/03, *Ritter-Coulais.*

Schlussantrag GA Jacobs v 17.3.2005, C-475/03, *Banca Popolare di Cremona.*

Schlussantrag GA Maduro v 7.4.2005, C-446/03, *Marks & Spencer.*

Schlussantrag GA Léger v 14.4.2005, C-253/03, *CLT-UFA-SA.*

Schlussantrag GA Stix-Hackl v.12.5.2005, C-512/03, *Blanckaert*.

Schlussantrag GA Léger v 30.5.2005, C-513/03, *van Hilten-van der Heijden*.

Schlussantrag GA Tizzano v 10.11.2005, C-292/04, *Meilicke*.

Schlussantrag GA Stix-Hackl v 15.12.2005, C-386/04, *Stauffer*.

Schlussantrag GA Geelhoed v 23.2.2006, C-374/04, *ACT Group Litigation*.

EFTA Entscheidung

Efta Gerichtshof 23.11.2004, E-1/04, *Fokus Bank ASA*.

Verfassungsgerichtshof

VfGH 22.6.1967, B 25/67.

VfGH 15.3.1990, B 758/88.

VfGH 16.6.1995, G 191/94.

Verwaltungsgerichtshof

VwGH 1.12.1967, 1367/67.

VwGH 18.12.1967, 1270/67.

VwGH 24.1.1996, 92/13/0306.

Bundesfinanzhof

BFH 8.7.1969, BStBl II, 1969, 466.

BFH 4.6.1975, BStBl II, 1975, 708.

BFH 18.12.1981, BStBl II 1982, 256.

Aufsätze

Avery Jones, Carry on Discriminating, ET 1996, 46.

Avery-Jones, A Comment on „Progressive Taxation of Non-Residents and Intra-EC Allocation of Personal Tax Allowances", ET 2000, 375.

Behrens, Die Konvergenz der wirtschaftlichen Freiheiten im europäischen Gemeinschaftsrecht, EuR 1992, 145.

Classen, Auf dem Weg zu einer einheitlichen Dogmatik der EG-Grundfreiheiten?, EWS 1995, 97.

Cordewener/Dahlberg/Pistone/Reimer/Romano, The tax treatment of foreign losses: Ritter, M & S and the way ahead (Part two), ET 2004, 218.

M. Eberhartinger, Konvergenz und Neustrukturierung der Grundfreiheiten, EWS 1997, 43.

Englisch, Zur Dogmatik der Grundfreiheiten des EGV und ihren ertragsteuerlichen Implikationen, StuW 2003, 88.

Englisch, The European Treaties' Implications for Direct Taxes, Intertax 2005, 310.

Farmer, EC law and national rules on direct taxation: a phoney war?, EC Tax Review 1998, 13.

P. Fischer, Europa macht mobil – bleibt der Verfassungsstaat auf der Strecke?, FR 2005, 457.

Hahn, Einkommensteuer: Berechnung der Einkommensteuer bei einem Staatsangehörigen, der in verschiedenen Mitgliedstaaten berufstätig war, IStR 2003, 59.

Hahn, Gemeinschaftsrecht und Recht der direkten Steuern – Teil I, DStZ 2005, 433.

Hahn, Gemeinschaftsrecht und Recht der direkten Steuern – Teil II, DStZ 2005, 507.

Hey, Perspektiven der Unternehmensbesteuerung in Europa, StuW 2004, 193.

Hohenwarter/Plansky, Besteuerung von Erbschaften nach Wegzug in einen Drittstaat im Gemeinschaftsrecht - Schlussanträge des GA Léger in der Rs. van Hilten-van der Heijden, SWI 2005, 417.

Holoubek, Die Sachlichkeitsprüfung des allgemeinen Gleichheitssatzes, ÖZW 1991, 72.

Lüdicke, Merkwürdigkeiten bei der Umsetzung des Schumacker-Urteils des EuGH, IStR 1996, 111.

Lyal, Non-discrimination and direct tax in Community Law, EC Tax Review 2003, 68.

Kofler, Schempp: Zulässigkeit eines grenz- und Personenübergreifenden Korrespondenzprinzips bei Unterhaltszahlungen, ÖStZ 2005, 538.

Kofler, Aus der Rechtsprechung des EuGH – Einige Überlegungen zur steuerlichen Kohärenz nach dem Urteil des EuGH in der Rechtsache Manninen, ÖStZ 2005, 26.

Kokott/Henze, Die Beschränkung der zeitlichen Wirkung von EuGH-Urteilen in Steuersachen, NJW 2006, 177.

Konezny/Züger, Ist die internationale Schachtelbeteiligung „europatauglich"?, SWI 2002, 218.

Lang, Neuregelung der beschränkten Steuerpflicht nach dem Abgabenänderungsgesetz 2004, SWI 2005, 156.

Lang, Marks & Spencer und die Auswirkungen auf das Steuerrecht der Mitgliedstaaten, SWI 2005, 255.

Lang, Das EuGH-Urteil in der Rechtsache D. – Gerät der Motor der Steuerharmonisierung ins Stottern?, SWI 2005, 365.

Lang, Das EuGH-Urteil in der Rechtsache Schempp – Wächst der steuerpolitische Spielraum der Mitgliedstaaten?, SWI 2005, 411.

Lang, Wohin geht das internationale Steuerrecht, IStR 2005, 289.

Lang, Ist die Schumacker-Rechtsprechung am Ende? - Die Verpflichtung zur Berücksichtigung der persönlichen Verhältnisse und des Familienstandes in einem der Mitgliedsstaaten, RIW 2005, 336.

Lang, Marks and Spencer – more questions than answers: an analysis of the Opinion delivered by Advocate General Maduro, EC Tax Review 2005, 95.

Lang/Jettmar, Steuerrecht und Sozial(versicherungs)recht - Anmerkungen zum Schlussantrag in der Rs. Blanckaert, IWB 2005, Gruppe 2, 695.

Lang, The Marks & Spencer Case – The Open Issues After the Final Word of the ECJ, ET 2006, 54.

Lang, Marks & Spencer - Eine erste Analyse des EuGH-Urteils, SWI 2006, 3.

Loukota, Das DBA-Diskriminierungsverbot – Eine Bestandsaufnahme der Verwaltungspraxis, SWI 2005, 56.

Mattson, Does the European Court of Justice Understand the Policy Behind Tax Benefits Based on Personal and Family Circumstances? ET 2003, 186.

Petritz/Schilcher, Marks & Spencer – Erste Erkenntnisse aus dem Schlussantrag von Generalanwalt M. Poires Maduro, SWI 2005, 233.

Petritz/Schilcher, Marks & Spencer: EuGH zur grenzüberschreitenden Verlustverwertung im Konzern, Ecolex 2006, in Druck.

Panayi, The Schempp Case: EU Citizenship, Rights and Taxes – A New Leaf in ECJ Jurisprudence or just a Fig Leaf?, ET 2005, 482.

Pistone, Tax treatment of foreign losses: an urgent issue for the European Court of Justice, EC Tax Review 2003, 149.

Scheunemann, Europaweite Verlustberücksichtigung im Konzern, IStR 2005, 303 (305).

Schnitger, Die Rechtsprechung des EuGH zur Berücksichtigung der persönlichen Verhältnisse, eine Sackgasse? IStR 2002, 478.

Sedemund, Steine statt Brot oder immer noch europarechtswidrig? – Gedanken zur Neufassung des § 8a KStG, IStR 2004, 595.

Thömmes, Das EuGH-Urteil in der Rechtsache Wielockx – Abschied vom Rechtfertigungsgrund der „steuerlichen Kohärenz"? IWB 1996, Fach 11 Gruppe 2, 221.

Toifl, Neue EuGH-Entscheidung zur Betriebstättendiskriminierung, SWI 1997, 311.

Toifl, Gemeinschaftsrechtskonforme Interpretation der DBA-rechtlichen Diskriminierungsverbote, SWI 2004, 325.

Valat, General Allowances and Home State Obligations under EC Law: Opinion delivered in the De Groot Case, ET 2002, 446.

Vanistendael, Cohesion: the phoenix rises from his ashes, EC Tax Review 2005, 208.

Van Thiel, A Slip of the European Court in the D Case (C-376/03): Denial of the Most-Favoured-Nation Treatment because of Absence of Similarities? Intertax 2005, 454.

Wattel, Progressive Taxation of Non-Residents and Intra-EC Allocation of Personal Tax Allowances: Why Schumacker, Asscher, Gilly and Gschwind Do not Suffice, ET 2000, 210.

Weber, Most-Favoured-Nation Treatment under Tax Treaties Rejected in the European Community: Background and Analysis of the D. Case, Intertax 2005, 429.

Sammelbände

Birk (Hrsg) Steuern auf Erbschaft und Vermögen (1999).

Gassner/Lechner (Hrsg) Steuerbilanzreform und Verfassungsrecht (1991).

Gassner/Lang/Lechner (Hrsg) Doppelbesteuerungsabkommen und EU-Recht (1996).

Gassner/Lang/Lechner (Hrsg) Arbeitnehmer im Recht der Doppelbesteuerungsabkommen (2003).

Gocke/Gosch/Lang (Hrsg) Festschrift Wassermeyer (2005).

Holoubek/Lang (Hrsg) Das verfassungsgerichtliche Verfahren in Steuersachen (1998).

Lang (Hrsg) Direct Taxation: Recent ECJ Developments (2003).

Lechner/Staringer/Tumpel (Hrsg) Kapitalverkehrsfreiheit und Steuerrecht (2000).

Lehner (Hrsg) Steuerrecht im Europäischen Binnenmarkt DStJG (1996).

Non-discrimination rules in international taxation, Cahiers de droit fiscal international LXXVIIIB (1993).

Schäffer (Hrsg) Im Dienst an Staat und Recht – Festschrift Melichar (1983).

Schön (Hrsg) Gedächtnisschrift Knobbe-Keuk (1997).

Monographien

Cordewener Europäische Grundfreiheiten und nationales Steuerrecht (2002).

Englisch Dividendenbesteuerung (2005).

Gassner Gleichheitssatz und Steuerrecht, Institut für Finanzwissenschaft und Steuerrecht Nr 64 (1970).

Matzka Das österreichische Steuerrecht im Lichte der Freiheit des Kapitalverkehrs (1998).

Sutter Das EG Beihilfenverbot und sein Durchführungsverbot in Steuersachen (2005).

Toifl Personengesellschaften im Recht der Doppelbesteuerungsabkommen (2002).

van Raad Nondiscrimination clauses in tax treaties (1986).

Wiener Vorlesungen:
Forschungen

Herausgegeben für die Kulturabteilung der Stadt Wien
von Hubert Christian Ehalt

Band   1   Julian Uher: Systembedingte Arbeitslosigkeit – alternative Beschäftigungspolitik. 2000.

Band   2   Michael Lang: Die Rechtsprechung des EuGH zu den direkten Steuern. Welcher Spielraum bleibt den Mitgliedstaaten? 2007.

www.peterlang.de

Peter Lang · Europäischer Verlag der Wissenschaften

Theresa Franz

Körperschaftsteuerliche Behandlung der grenzüberschreitenden Betätigung von Kapitalgesellschaften innerhalb der EG

Eine Betrachtung unter Berücksichtigung der Rechtsprechung des EuGH, der geplanten 14. gesellschaftsrechtlichen Richtlinie und der Societas Europaea

Frankfurt am Main, Berlin, Bern, Bruxelles, New York, Oxford, Wien, 2006.
XX, 252 S., zahlr. Tab.
Bochumer Schriften zum Steuerrecht. Herausgegeben von Roman Seer. Bd. 6
ISBN 3-631-54824-9 · br. € 45.50*

Bei der Frage, ob Kapitalgesellschaften ihre Rechtsfähigkeit beibehalten können, wenn sie ihren Sitz über die Grenze verlegen, stehen sich bekanntlich Sitz- und Gründungstheorie mit widerstreitenden Ansätzen gegenüber. Inzwischen hat der EuGH in seiner jüngeren Rechtsprechung eine weitgehende Anerkennung zuziehender Kapitalgesellschaften gefordert, wie sie nur mit der Gründungstheorie erreicht werden kann. Die Arbeit untersucht die körperschaftsteuerlichen Auswirkungen der grenzüberschreitenden Sitzverlegung von Kapitalgesellschaften innerhalb der EG vor dem Hintergrund der neueren Rechtsprechung des EuGH. Im Mittelpunkt stehen dabei die Wechselwirkungen zwischen den steuerrechtlichen Tatbeständen einerseits und den kollisionsrechtlichen Auswirkungen auf die Gesellschaftsformen andererseits. Dabei erörtert die Arbeit anhand von Fallgruppen u. a. wie sich Sitzverlegungsvorgänge auf die Einordnung als Körperschaftsteuersubjekt auswirken und welche Fälle der Grenzüberschreitung eine Wegzugsbesteuerung auslösen können und überprüft die so gefundenen Ergebnisse am Maßstab des europäischen Primär- und Sekundärrechts. Zusätzlich berücksichtigt die Arbeit bereits die europäische Gesellschaftsform der Societas Europaea.

Frankfurt am Main · Berlin · Bern · Bruxelles · New York · Oxford · Wien
Auslieferung: Verlag Peter Lang AG
Moosstr. 1, CH-2542 Pieterlen
Telefax 00 41 (0) 32 / 376 17 27

*inklusive der in Deutschland gültigen Mehrwertsteuer
Preisänderungen vorbehalten

Homepage http://www.peterlang.de